# 自由なフランスを取りもどす

## 愛国主義か、グローバリズムか

マリーヌ・ルペン
Marine Le Pen
木村三浩 編
Kimura Mitsuhiro

花伝社

凡例

・本書に訳出したのは、国民戦線党首マリーヌ・ルペンによりフランスのフレジュスで２０１６年９月18日に行われた演説、リヨンで２０１７年２月５日に行われた演説、パリで２０１７年２月23日に行われた演説と、国民戦線の１４４の公約集である。

・フランス語原語の表記が必要と思われる場合は、当該単語の直後に示した。

・〔 〕は訳者による注釈・補足である。

・１章のうち、基本的に節題は国民戦線ＨＰに掲載された演説原稿中に編集者により挿入されたものであり、演説のなかにはない。また、２〜３章のうち、節題になっているものは、基本的に読者の読みやすさを考慮して翻訳にあたって入れたものであり、国民戦線ＨＰ掲載の原稿および演説の中にはない。

・演説中に使用される語彙のなかでもpeupleとNationは多義的である。peupleは文脈により「民衆」「人民」「国民」「民族」に訳し分けた。Nationは「国民国家」「国家」「国民」に訳し分けた。しかし、いずれも原文では一つの単語であり、つねに複数の含意を保持しながら使用されていることに留意されたい。

# 自由なフランスを取りもどす——愛国主義か、グローバリズムか◆目次

# 発刊にあたって

木村三浩

今回のフランス大統領選挙では、マリーヌ・ルペン女史に世界の注目が集まっている。これまでのメディアの多くは、ルペンさんらの国民戦線（ＦＮ）を「極右」とか「排外主義」などと批判してきた。しかし、そうしたレッテル貼りだけでは、なぜルペンさんがフランス国民の中に急速に支持を増やしているかを説明することは出来ない。

## 国民戦線のリヨンでの決起大会に出席し、マリーヌ・ルペンさんを直接激励

わたしは2月5日、一水会を代表してフランス南部のリヨンで開催された国民戦線（ＦＮ）の５０００人の決起大会に参加した。大変な盛り上がりで、マリーヌ・ルペンさんの演説には参加者が総立ちで拍手喝采し、ものすごい熱気だった。

この決起集会の演説前に、わたしは8年ぶりにマリーヌ・ルペンさんに直接お目にかかり、控えの応接室でＦＮの幹部や通訳を交えて意見を交換した。

この面会でルペンさんは反グローバリズムを強く訴えた。「わたしたちはＥＵからフランスの自由を守ら

なくてはならない。北大西洋条約（ＮＡＴＯ）の軍事機構からの離脱も公約に掲げている。フランスの国益を第一に考える」ことを強調した。

## 地道な活動の積み上げ

移民・難民問題については、マリーヌ・ルペンさんは今回の大統領選挙でそれほど強硬的な主張をしているわけではない。アメリカのトランプ大統領と重ねて彼女を評している専門家もいるが、受け入れを年間１万人に制限し、家族の呼び寄せは禁止しているだけで、「すぐさま全員を締め出せ！」と主張しているトランプ大統領のやり方とはまるで違っている。

マリーヌ・ルペンさんは国民戦線の党首になる前から、「国民国家とは何か？」「アイデンティティとは何か？」そして「フランスとは何か？」と地道に訴え続けており、それが若者にも広く共感され今回のような「ルペン現象」という大きなうねりになった。

ブレグジット（英国のＥＵ離脱）やトランプ政権の誕生は、いわばカオスの中で起きた現象だが、マリーヌさんは自らの国、フランスの主権を取り戻すために、現実的な政策を一つひとつ積み上げており、その点で全く様相を異にしている。

国民戦線は今回の大統領選挙で、１４４の公約を発表したが、公約をソフトにしたことが今回の人気に繋がっていることも間違いない。２０１２年に行われた前回の大統領選挙におけるマリーヌ・ルペンさんの公約には、「死刑制度の復活」やムスリムの女性が身にまとうブルカやニカブなど「宗教色の強い衣服での公的施設への入館禁止」が掲げられていたが、これらの主張は今回なくなっている。社会福祉の充実や減税などの政策が有権者を引き付けていることも抜かりはない。

## 移民・難民問題の深刻さ

2015年、欧州にはシリア、イラク、アフガニスタンなどから100万人を超える移民が押し寄せてきたが、フランスでもイスラム系だけで450万〜500万人、全体では700万に迫る勢いで移民が増えている。その割合はフランス国民の1割を超えるほどで欧州の中で一番多い。

難民保護にはコストもかかるが、米国がやったことの尻拭いをなぜ我々がしなければならないかという不満は年々大きくなっている。

フランスにおける移民問題は根が深く、当初は旧植民地から入ってくる移民が主だったが、第二次世界大戦後の「栄光の30年」と呼ばれた経済成長期に、アルジェリアを始めマグレブから大量の移民が集まってきた。彼らの多くは炭坑や自動車工場の労働者としてフランスの経済成長を支えたが、オイルショックを機に仕事がなくなってくると、低賃金で過酷な労働条件で働いてきた彼らは自らの権利に目覚めてストライキなどの労働運動にも目覚めてくる。

この時代に移民だけの居住地域であるゲットーが出来たわけだが、そんな劣悪な環境で暮らす彼らも不満を募らせて来る。当然治安も悪くなってくる。犯罪を犯す者も出てくる。ルペンは治安を回復し、そういう犯罪要因となっている移民は取り締まれと言っているにすぎない。

イスラム過激派のテロ事件に対する国民の緊張も相当高まっている。フランスでは２０１５年1月にシャルリ・エブド襲撃事件が起き、11月にはパリ同時多発テロが起き、また２０１６年にはトラックテロ事件も起きている。非常事態宣言は今も延長されている。こうした状況の中で、ルペンは治安の回復を強く訴え国民の支持を伸ばしている。

## 父親のジャン・マリー・ルペンを国民戦線から除名

ルペンさんの父親であるジャン・マリー・ルペン氏は、これまでも彼は第二次世界大戦中のナチスによるガス室でのユダヤ人大虐殺を「ささいなこと」と発言するなど問題提起発言を繰り返してきたが、２０１４年６月に国民戦線を批判していたフランスのユダヤ人歌手パトリック・ブシュエル氏に対して「今度はこちらが窯《かま》に入れてやる」などと発言した。この発言は、アウシュビッツを想起させるもので、「反ユダヤ主義」的な「差別発言」であるとして世界中から批判の声が噴出した。

マリーヌ・ルペンさんはこの時の発言を問題視して２０１５年10月に父親を党から除名する決断に至った。国民戦線を立ち上げた始祖であるにもかかわらず、名誉会長の座もはく奪したのは不当だとして、父親は実の娘を訴え、親子の確執は最高裁の判断を仰ぐところとなった（最高裁は父親の主張を認める判断をした）。

だが、マリーヌさんを政治家としてみたら、泣いて馬謖を斬ることのできる決断力の持ち主と言ってもよい。国民戦線は排外主義と決別することを明確にしたのだ。

弁護士出身の彼女は、わたしと会った13年前から、自分の思ったことをストレートに話し、凛として仕事をこなすことが出来るキャリアウーマンのような印象だった。

父親はそんなマリーヌさんに「我が政治家人生で唯一やり遂げられなかったのは大統領になれなかったことだ」と言って国民戦線の代表の座を譲った。つまり大統領になるためには自分とは違うやり方で戦え……と悲願を託しているのだろう。

## 国民戦線のイメージを一新

マリーヌ・ルペンさんは国民戦線のイメージを一新し、柔軟性を持ったアプローチで国民に訴えている。フランスの二大政党制は完全に崩壊してしまった。これまで建前だけのきれいごとばかり言ってきた既成政党や既成メディアは信頼を失ってしまったのだ。

今回の大統領選挙で面白い現象が起きている。コミュニスト（共産主義者）や共和主義者といった人も展望をなくし、国民戦線に合流する動きが顕著になっている。共和党、社会党、共産党などの既存政党の出身者の参加が増えている。結集軸が国民戦線にあるということだ。既存政党の多くがＥＵなどのグローバリズムに甘んじているのに彼らは耐えられなくなり、「フランスの社会、伝統、文化を守るのは国民戦線だけだ！」と見極め、党を割って国民戦線に合流しているのだ。

また、エリート官僚養成学校である国立行政学院の１００名を超える卒業生が応援している。優秀な人材が集まるのも現マリーヌ路線の国民戦線が期待されていることを表している。

フランスがもう建前だけでは前に進めないことが分かった今、利益共同体としてのＥＵにこのままとどまるのか、それともフランス人としての主権を取りもどすのか、フランス全体がこの二者択一を迫られているのだ。現実路線を訴える国民戦線の支持が広がるのも充分頷けることだ。

## 欧州で伸びる愛国者政党

わたしは、フランスを訪れる前にベルギー・ブリュッセルで開催された欧州議会総会に集まった各国の愛国者政党幹部たちと会い、意見交換した。北部同盟（イタリア）、黄金の夜明け（ギリシャ）、ヨッビク（ハンガリー）、自由党（オーストラリア）、ブラームス・ブランク（ベルギー）といった政党の人々だ。日本のマスコミでは「極右」とされているが、我々は反グローバリズム、民族・国民の立場に立ったこうした政党を「愛国者政党」と呼ぶ。

一水会は平成22年（２０１０年）にフランスの国民戦線を含む欧州の愛国者政党の幹部を東京に招き、愛国者の世界大会「世界平和をもたらす愛国者の集い」を開催した。

## フランスを始め欧州でなぜ愛国者政党が伸びているのか

近年、米国主導のグローバリズムが世界を席巻した。欧州では統一国家、統一市場を理念とするＥＵが発足した。ＥＵでは欧州諸国に限り国境検査を撤廃するシュンゲン協定が締結され加盟国に適用された。その結果、移民・難民の過度の国内流入を招き、国内の労働者の雇用の場が奪われた。また加盟国内で関税が撤廃され統一通貨「ユーロ」が発足した結果、グローバルな多国籍企業が国内市場を独占し、民族資本は衰えてしまった。

ブリュッセルで会ったベルギーの愛国者政党「ブラーグス・ブランク」の代表は「移民を多く受け入れた結果、今やベルギーはベルギーでなくなってしまった」とわたしにその嘆きを語った。「移民の多くは、出身国の文化や伝統をそのまま欧州社会に持ち込み、旧来地域に溶け込むことなく暮らしている。古き良き中世以来の欧州の街並みに、異国のコミュニティがいきなり現れ、もともとの住民を追い出して占拠してしまう。そればかりかテロリストの温床となっている……」と。

同じような事態は、パリ、ブリュッセルを始め欧州の主要都市で起こっている。こうしたEUの政策に対する不満が、愛国者政党が伸びている背景だ。

愛国者政党は、泡沫政党ではなく、今や国政で重要な地位を占め、現実に政権を担う政党になる可能性が生じている。

マリーヌ・ルペンさんがフランス大統領に当選する可能性も日々高まっている。

## 演説・政策集の決定版

リヨンで、マリーヌ・ルペンさんと会見した際、ルペンさんの演説集ならびに国民戦線の政策集を忠実に翻訳して日本で至急発刊したい旨を申し入れた。この申し出をルペンさんは快諾してくれた。

そこで、わたしの参加したリヨンでの演説を始め、直近の三つの演説に加えて、わたしに手渡されたパンフレット『国民戦線（ＦＮ）公約１４４』を翻訳して緊急出版することとなった。

フランスでいま何が起こっているのか、マリーヌ・ルペンさんがどんなことを訴え、どんな政策を掲げているか、なぜ支持が急増しているか、その実像を日本の読者に伝えることが出来れば幸いである。

グローバリズムと従属構造に抗し、日本の文化や伝統、美しい自然を守っていく課題は、今まさに我々の問題でもあるのだ。

木村三浩（左）、マリーヌ・ルペン（右）

欧州の愛国主義者たち

第 *1* 章

# 自由なフランス

## （2016 年 9 月 18 日　フレジュス）

――主権なしに、アイデンティティと繁栄はない

## フランスのみなさん、都市部と海外県の同胞のみなさん

この美しいフレジュスにおける、議論と意見交換のすばらしい機会となった、この夏のイベントの締めくくりに当たり、わたしは、みなさんのご参加に感謝し、またみなさんに代わり、友好的で実りのあるこの出会いの運営者のみなさんに、とくに、ヴァール県国民戦線青年部の活動に支援されたチームを率いて、吹き荒れる風に対処しなければならなかったサンドリンにお礼を言いたいと思います。

今、この時が、今回の大統領選挙戦に向けた運動の始まりとなります。国にとって非常に重要な今回の選挙戦は、その形がはっきり見えてきました、そしてみなさんにつぎのことをお伝えできることを嬉しく思います。わたしの選挙戦の指揮を、才能があり、若さ、努力、功績、忠誠、成功を象徴する人物、上院議員でありフレジュス市長であるダヴィド・ラシュリン氏に委ねます！

わたしがみなさんの前に立っているのは民衆《プープル》peupleの候補者としてです。この午後にわたしたちを一つにしているのはフランスです。そしてこの午後、わたしはほかでもないフランスについてみなさんにお話ししたいのです。

フランス、それはまずフランスの民衆、わたしたちの民衆です。

フランスの民衆、それはあなたがたであり、わたしたちであります。

それは、見えないけれど無に帰すことのできない絆によって根本的に結びつけられた、一つの国への愛によって、一つの言語への、一つの文化への愛着によって結びつけられた何百万もの男女です。一つの民衆、

それは数百万人の胸の内で鼓動する唯一の心臓です。それは同じ一つの息、同じ一つの希望なのです。

フランスの民衆として、わたしたちは自らのうちに、あらゆる再開のための活力、あらゆる回復への信念、あらゆる刷新のエネルギーを持っています。

そのためには努力と、勇気と、先見の明がなければなりません。

この大統領選挙戦、この２０１７年選挙の争点は、避けることのできない二者択一です。フランスや、その主権、そのアイデンティティ、その価値、その繁栄を選ぶのか、それとも、わたしたちの認めることのできない、わたしたちにとってよその国になってしまった国を選ぶのか、そのどちらかなのです。

わたしはあなた方にこう言います。

アイデンティティなきフランスなど存在しないでしょう。

そして主権なしのアイデンティティなど存在しないでしょう。

しかし、こうも言いましょう。主権なしに、民衆なしに、民主主義は存在しないでしょう。

ここに、今日、わたしたちをともに呼びかけているもの、広場へ、市場へ、ソーシャルネットワークへ、集合住宅の階段へ、毎日わたしたちを送り出すもの、いまや何年もまえからわたしたちを成長させたもの、それは一つの政党ではありません。一つの運動でも、一つの任期でもありません。

わたしはそれをすでにあなた方に言いました。

それは、わたしたちの最も貴重な財産、フランスを心配する心《スゥスィ》souci、自由なフランスを心配する心です。

それは、フランスが、フランス人の手中にはもはやないという意識です。

わたしたち、フランス市民は、わたしたちフランスの民衆は、もはやわたしたちの運命を決めていないのです。

わたしたちの法律はもはやわたしたちの法律ではなく、わたしたちの法規や習俗は、もはやわたしたちの法規や習俗ではありません。そして、フランスの政治というものがある時にも、フランスの政治はあまりにしばしば外国に、ワシントンに、ベルリンに、あるいはブリュッセルに命ぜられているのです。

正当化のしようもない状況の具体例を、これ以上列挙する必要もないでしょう。

わたしたちはそれらを、毎日、身をもって経験しているのです。

▽理解不能な、適用できない、さらにはお互いに矛盾する、40万もの規格に従わねばならない農業者、職人、商人
▽非民主的で、不透明で、責任をあいまいにし、高くつく人材移動 transfer de compétence〔必要に応じて自治体間を専門的職員が移動する制度〕により、無力にされた政治指導者たち
▽自ら10回も20回も逮捕したにもかかわらず、罰せられないままの人間に愚弄される警官や憲兵たち
▽課税に不正行為を働き、国境を侵し、諸国民を愚弄するかの金融操作によって倒産させられた企業
▽自ら選んだ学校で、道徳上、精神上の遺産を自分の子供に伝えることを禁じられた親たち
▽雇用を、特許を、集団的富を、組織的な経済的略奪の攻撃により盗まれた産業の被雇用者たち
▽公共奉仕の意味を忘れた人々により裏切られた公務員たち
▽時にはわたしたちの国境、わたしたちの歴史、そしてわたしたちの国民的利害の蚊帳の外で、外国から命ぜられた危険な戦闘に臨んでいる兵士たち

## わたしたちの内政の主権を取り戻す

フランスはもはや、自分の領土をしっかりと保持していません。そして毎日、わたしたちの、軍隊でない場合は、警察や憲兵隊が、フランスに由来するのではないがフランスのなかにある法規、言葉、犯罪に立ち向かっているのです。

憲法により共和国大統領に委ねられた権限は、大統領を、浸食されていない《アンテグリテ》領土、国家 Nation のアイデンティティの保証者にしています。この権限は明白です。

しかし、それが裏切られました。

わたしたちの土地には、いるのです。犯罪者とは別の者たちが。いるのです、外部から来た法律、習俗、政治宗教的イデオロギーを君臨させようともくろむ敵たちが。

その結果は、あなた方が身をもって感じ、わたしたちが身をもって毎日感じています。

自由を獲得するためにあれほど苦しみ、あれほど戦ったフランス人は、自分の土地で、自分の国境のなかで、自分自身である権利を奪われた状態です。

生死にかかわる利害に対する、正体を見せない攻撃によって、集団的自由、その最初のものが自分の運命を自分で決める自由ですが、それを整然と組織的に奪われることによって、フランス人は自分自身であり続ける権利を奪われているのです。

## わたしたちは信じすぎた、譲歩しすぎた

わたしは外部の敵や外国の政党を名指ししたりはしません、それはあまりに簡単であり、あまりに物事を単純化してしまいます。

うぬぼれはわたしたち自身の頭の中にあるのです。それは国民の利益に対するわたしたちの小さな妥協のなかにあります。そしてそれは、あらゆる共有財産、あらゆる集団的計画を、個人の欲望へと引き渡してしまうシステムを前にした、放棄のなかにあるのです。

わたしたちは絶対的な個人を信じてきました、それは消費主義の食い物にされ、市場と市場が押し付ける、欲望のおもちゃにすぎません。

わたしたちは、超リベラリズムと急進的個人主義の嘘に、多文化主義という宗教に、譲歩しすぎたのです。わたしたちは条件なき権利の創設を信じました。それはあまりにしばしば、ある人には扶助、さらには隷従への不幸な閉じ込めを意味し、また別の人には労働の果実の略奪を意味します。

フランス人であることが、もはや何の区別にもならないこと、何の価値ももたないこと、何の保護にもならないことを、わたしたちは受け入れたのです。

これがわたしたちの政治システムの下り坂です。わたしたちはそこであまりに多く、あまりに長い間譲歩しました。支払うべき代償、それが何であるかわたしたちはいまや知っています。それはわたしたちの、国民国家 Nation としての、共和国としての、フランスとしての、民衆としての、政治的自由です。

わたしたちは、フランスのものではない利益に、フランス人のものではない選択の名のもとに屈するように命ぜられています、人民、国境、国民国家を終わりにしようとする、国家を超えた、政治的ないし商業的命令のために。

歴史の終焉というおとぎ話を語るに任せ、パクス・アメリカナという蜃気楼に眠らされ、わたしたちには良いことしかしない善人の世界という観念に、わたしたちは騙されたのです。

事実としては経済的、政治的、外交的、そして軍事的同盟を受け入れることで、わたしたちは道徳的かつ知的に武装解除されるに任せたのです。

## 回復のため努力は膨大

いまや総決算の時が来ました。わたしたちは、わたしたちの民主主義が、金融経済や、個人の利益や、外国モデルの保護監視下に置かれるのを許してしまいました。

この総決算は、約一万の破壊された企業によって、百万の失われた雇用によって、流用された数十億の公的支援によって計られます。総決算は、失われた信頼によって、政治の正当性の危機によって計られます。

そのツケは国の弱体化、権力の解体によって支払われます。

市場の名における、大きな衰退としての臆病な放棄。開放の名における、重要項目の断念としての小さな譲歩。いわゆる近代化の名における、大いなる裏切りとしてのみすぼらしいペテン。フランスはもはや主権国家ではありません。フランスの民衆はもはや自身の家の主人ではありません。そして、フランスのアイデンティティである浸食されていない領土はもはやフランス人には保証されていません。

代議士たち、あるいは自分の代理として彼らが選んだ人々は、国家の自由を疎外し、法律、司法、習俗を外国の管理のもとに置く条約に署名したのです。

わたしたちの軍隊は支配され、わたしたちの核の自律は攻撃され、わたしたちの報道はときおり否認ないし自己検閲の誘惑にそそのかされ、わたしたちの個人的データは、わたしたちの企業の技術的商業的秘密と同様に、略奪されています。

毎年、諸々の業界大手のなかで、外国資本の支配下に入り、本社がフランスを離れ、その特許、雇用、活力がフランスから遠くへと持ってゆかれる企業のリストは長くなる一方です。

毎週のように、自分たちがもはやフランスの企業にはいないこと、自分の会社がフランスの領土を離れたことに気づく社員たちがいます。

そして彼ら曰く民主主義や国民国家の主権などという幻想を、従属のわずかな利益と交換するよう、毎日のように画面や紙面の至る所で、わたしたちは誘われるのです。

何ポイントかの利益をさらに得るために、なにを手放してはならないのでしょうか？

手放さなければならないと言われているもの、今日ではアルストム〔フランスの鉄鋼最大手〕です。アルストム、わたしたちの産業技術の宝、文句無しの業界最大手。その製品を人がわざわざ買いもしないことを理由に、一体なにを手放そうというのでしょうか、〔アルストムを〕保護しようなどとは少しも思わずに、フランスの公共団体が外国の競合企業の元で必要なものを調達するにまかせているという理由で。

## 主権なしに、アイデンティティと繁栄はない

現実的には、なにも保護することはできないのです。なぜならフランスは欧州連合と手を携え、あらゆる経済的愛国主義を妨害する不条理な条約に署名しようとしているからです。はっきりさせておきましょう。わたしたちの目には、ヨーロッパ、本当のヨーロッパ、心の、共同の、歴史のヨーロッパは、自明のもの évidence です。欧州連合、これは不当な介入 ingérence です。

情熱と意欲をもってわたしたちの隣人イギリス人が成し遂げたこと、かのEU離脱 Brexit を見ましょう。なんと、わたしたちもまた、わたしたちの自由をいち早く取り戻したいことでしょう！

この自由なしに、フランスは、価値の、原理の、フランス国民を例外的存在としている独自性の不可侵性を保証することができません。誰がお互いに認め合い、助け合い、尊重しあい、受け継ぐことができるでしょうか。

毎分、あらゆる瞬間に、ブルターニュからコルシカまで、リールからストラスブールまで、フランス人は自分の周りを見渡し、こう自問しているのです。わたしはどこにいるのか、と。

そして毎日、フランスはベルリンに、ブリュッセルに、あるいはワシントンに、黙るよう、従うよう、屈するように命ぜられているのです。フランスの民衆が一度も本当に望みもしなかった、それについて一度も議論しなかった、そして最もしばしば、知識を得ることすら禁じられた、法律、原則、指針、あるいは条約に屈するよう。

一体どのフランス人が自由に移民問題について議論したというのでしょう。

国民国家に到来した、一世紀来最も重要な変化、世俗主義 laïcité、女性の解放、共和国原則 pacte républicain によって獲得したものすべてを覆す、膨大な移民に対し国の門戸を開く政策について、一体どのフランス人が意見聴取されたのでしょうか。

わたしたちが体験しているのは、権力の剥奪なのです。

超国家的組織にはふさわしくない代表者たちによって譲歩された、わたしたちの国家主権の剥奪、２００５年の国民投票が公式のイデオロギーに適合しないとしてゴミ箱へと投げ捨てられた時になされた、わたしたちの人民主権の剥奪です。

本当の指導者を欠き、時には独自の、しばしば国民国家に反する論理により動く、国の機能についてはなにをいうべきでしょうか。

自分で決める自由もなく、自分たちを守る自由もなく、わたしたちが自分のアイデンティティを保持できるなど、誰が信じることができるでしょう。

彼らは、口では相互依存と言い、頭では服従だと思っています。

彼らは、口では開放と言い、頭では解体だと思っています。

彼らは、口ではグローバリゼーションと言い、頭では世界的隷従だと思っています。

彼らが人間の移動の自由と呼ぶものの背後には、奴隷商人たちが隠れているのです。

移民の洪水を組織している欧州条約を問題にせずに、移民の洪水とそれが引き起こす深刻な変化を止めることができると想像するほど、単純な人間がいるでしょうか？

## わたしたちの自由を犠牲にしてまで移民・共同体主義？

膨大な移民と共同体主義は欧州連合の子供です。

多文化主義については、あらゆる差異の尊重という顔を見せています。現実は、〔20世紀フランスの哲学者〕ルネ・ジラールによって非難されたように、すべての差異に寛容であるという口実のもとそれらをすべて破壊するという顔を持っています。

それは宗教になってしまいました。学校で教えられ、あらゆるメディアによって拡散され、心に強要され、それに賛同の意を表明しないものは、追放され、排除され、意見を聞かれることもなく断罪されるのです。多文化主義には政治的結末があります。レバノンのそれが悲しき例です。共同体間の内戦は、遅かれ早かれ、彼らが紛争なしには生きてゆけないこと、一緒に働き、投票し、統治することができるようにはならないことに気づくのです。

移民主義という宗教は、人間への侮辱です。人間が完全だと言えるのは、常に一つの国民的共同体と、一つの言語と、一つの文化と結びついているときです。それはまず信仰、習俗、慣行がわたしたちと異なっており、フランスにいる使命をもたないが、わたしたちも彼らの国で、彼らの土地で、彼らの歴史のなかで批判する権利も理由もない民族への侮辱です。

わたしたちは、もちろん望めばのことですが、特定の人々を迎え入れることはできますが、しかし、いかなる場合においても共同体全体として組織された形では迎えることはできません。

わたしたちの祖国の土地のうえでの多文化主義と共同体主義の後には、自由の、あらゆる自由の、とりわけ女性によって獲得された自由の再検討があります。なんという代償でしょうか！

わたしたちの国は狂った時代を生きています。この時代は、女性の権利が加速度的に、原理主義の勝利の背後でかき消されてゆきます。

わたしはフランス人女性に言います。そしてフランス人女性であるゆえに彼女たちを愛すすべての男性に言います。彼女たちはわたしを信頼してよいということを！　そのようなことが起こらないようにしようではありませんか！

ええ、わたしはそれをはっきり宣言し、責任をもちます。第一の政治闘争、すべてを決める唯一のもの、それは自由です。国民・国の自由 liberté nationale です。フランス人は自分の望むところを知っており、彼らはそれを言い、それについて討論し、決めるべきなのです。

## 自身の国における預言者としてのフランス人

何年もの間フランスを嘲笑してきた人々、慎ましきフランス人を画面一杯に侮辱し、喋ることを禁じ、そして時には抵抗する人々を脅した人々、彼らは今なにを言うのでしょうか。

今、彼らが言うこととは、なんでしょうか。

近所の界隈や町が、共和国や法の外部へ投げ出されている今。

フランスの若者が、フランスの土地で、国境の内部で、フランスに対して戦いを挑んでいる今。

様々な討論会で脱植民地化は白人には禁じられていると言われる今。

すべてが〔フランス人とは〕正反対の家族や共同体との無責任な共生が、あちこちで紛争や暴力を引き起こす危険がある今。

フランスへの憎しみを日常的な反射行為にした〔イスラム系移民などの〕特定の人々が、共同体主義に、自分自身に、無教養に、わたしたちすべてのアイデンティティを基礎付けるものの拒絶に閉じこもるのを、〔フランスを嘲笑してきた〕彼らが見たら、彼らはなんと言うでしょうか。

よりひどいことに、特定の人々がフランス人の死に酔いしれ、ますます頻度を高めて国を震撼させる、かのテロの企てに、これらの人々自身が身を投じるのを見たら。

ところで、フランスの民衆は知っていました、しかし何も言うことはできませんでした。

フランスの民衆は推察していました。しかし不安を公言することは許されていませんでした。

フランスの民衆は苦しんでいました。しかし自分の苦しみを打ち明けることは不可能でした。

戦い、話し、語り、証言したすべての男女を思い出さねばなりません。

彼らは影の証言者、まれに見るほど本質的で重要な、フランスにとっては戦いのための名もなき英雄でした。

風刺画は彼らを排除、閉鎖、非難された過去の郷愁の信者にしました。実際はその正反対です。

移民と共同体主義については、フランス人はこれから来る世界の預言者でした。

そして彼らは世界にとって重要なフランスの、世界が待っているフランスの証言者、愛好者、擁護者でした。自分自身に立ち返り、言わねばならないことを世界に自由に言えるフランスの！

現状の自分とそうあらねばならない自分に確信を持つ者は、世界のあちこちに場所を持ちます。自分たちを〔他者から〕区別するものがなんなのか知る者は他者を尊重し耳を傾け、さらには他者から学ぶことができます。

## 世界はフランスを必要としている

以前に国連事務総長のブトロス・ブトロス＝ガーリが、わたしたちに次のようなお世辞を述べました。「世界のあちこちで、フランス語は同盟に属さないものの言語だ！」それは本当です。北京からブラジリアまで、ンジャメナからカルカッタまで、そしてアルジェからモントリオールまで、ヴィクトル・ユゴーとクロード・レヴィストロースのフランスが、ドゴール将軍とアンドレ・マルローのフランスが、生き生きとし、望まれていたのです。

ソヴィエトの全体主義に抗して、多国籍企業による南アメリカやアフリカの略奪に抗して、不平等と略奪に抗して、フランス語は屈しない者の言語でした、そしてフランスは世界のあちこちで自由な人間の心にとって大切なものでした。

民族が自らの運命を自分で選ぶ自由を確証するのが問題である時、フランスが、もし自由で同盟に属さない、常に立ち上がるフランスでないならば、フランスとは一体なんなのでしょう。

諸国民の主権、諸国家の内政への不介入、国際法の本当の名である諸国民の権利、これが他のすべてに最優先すること、といった侵すことのできない原理を忘れてしまうなら、フランスとは一体なんなのでしょう。

世界を支配する権力といったユートピアが告げるのは、諸国民国家と諸民族の多様性の破壊であり、政治的自由、すなわち人間の条件に対する宣戦布告です、それは世界平和にとって最大の脅威です。

他とは異なり、様々な同盟関係から自由で、いわゆる文明の戦いから距離をとり、強制的な役割分担や要求された従属からはさらに距離をとるフランスでないのなら、フランスとは一体なんなのでしょうか。

権利において、尊厳において、そして主権において平等な諸国民の間の、国際関係という原理をフランスは再度確認せねばなりません。

諸民族の主権の尊重、諸権力の均衡、内政不干渉、国際貿易における相互性を促進するという責務を世界に対してフランスは負っています。

わたしたちに期待されているのはまさにこれなのです。

フランスの役目はそこにあります。世界に自分たちの法を作り上げようと望むあらゆる権力に対する挑戦に、自らを普遍的であると主張するあらゆる勢力に対して彼らが自分自身のモデルを世界に拡大しようと密かに望んでいるに過ぎないのだと思い起こさせることに、ヘゲモニーを握ろうとし、土地を収奪し、文化を蹂躙しようとする帝国に抵抗するあらゆる人々と連帯することに。

## 〈歴史〉Histoire の舞台へと民衆が戻るとき

世界との関係を回復する時が、フランスを萎縮させる論理から、わたしたちの歴史とは反対の論理から抜け出す時が、やってきました。

アフリカからアジアまで、北大西洋から大西洋あるいはインド洋まで、そして南極大陸まで、フランス人はつねに世界に語りかけてきました。

あらゆるところにフランスが仕事をし、足跡を残す使命があります。世界第2位の排他的経済水域がそれを証言しています！

世界の現実を見る時がやってきました、人がわたしたちにそれを語る通りに見るのではありません。世界〔の人々〕が前進し、反逆している通りに世界を見れば疑いの余地はありません。〈歴史〉Histoireは再び歩み始めたのです。諸々の〔アイデンティティの〕差異を賭けた蜂起は最高潮です。あらゆる商人や、世界を金融カジノに仕立て上げようとするあらゆる人間には気に入らないかもしれませんが、世界は有用性へと単純化することはできないのです。

いまこの歴史的局面《モモン》は、フランスに呼びかけ、自由なフランスにあらゆるチャンスを開いています。明晰なフランスに、世界の真理を口にするフランスに。その世界とは、人間的、文化的多様性、生物多様性によってしか生き残れない世界です。複数の文明がなければ文明というものは存在しないということ——そして人間社会の多様性が人間社会の生き残りの条件であること、これを理解しないと滅んでしまう世界なのです。

地球規模では多文化主義にはイエス、ただ一つの国の多文化主義にはノーです。

そしてこの歴史的局面は、善きにつけ悪しきにつけ、決定的です。

悪しきにつけ、というのも、金融自由主義の失敗、都合の良いグローバル化は社会を破壊し尽くし、個人をプライベートな利益関心の支配下に置き、社会を、そしてフランス自身をも、わたしたちがこれまで想像さえしなかった政治的、道徳的、社会的後退に直面させるのです。

## 政治的なものの優先を再確認する

領土、人、金の商人には耳を貸さないようにしましょう。

わたしたちは売り物ではありません、フランスは売り物ではありません、わたしたちの命は買えるものではありません、世界を搾取しつくすことはできないのです。

政治的なものの優先は、まずこの主張によって表現されます。なにもかも売り物になるわけではない！ フランスで、世界の各地で、あらゆるものに値札が付けられてゆくことの結果をわたしたちは見ています。その結果は恐ろしいものです。命そのものが賭けられているのです。

土地は不毛にされ、そこに生きる人々をさえ養うことができなくなっています、水は汚染され、種は絶滅し、人間は世界の路上で最高入札者への売り物と化し、国は教育への投資を盗まれ、規格適合性と個人の「多様性」の名の下に文明は踏みにじられ、通貨は遺産を食いつくし、国を越えてうごめく捕食者に産業を引き渡す、民間の偽金造りの連中に売り飛ばされています……。

生命の維持に関わる財産、実体のあるインフラ、ヴァーチャルなインフラ、さらには文化的な自己肯定、多様な文明の威光を、国がコントロールできないような政治は、現実的な政治ではありません。

わたしたちにとって大事なものがなんなのかを、銀行や市場やドル価格で知った連中には耳を貸さないようにしましょう！

人間の移動の自由と彼らが呼ぶものの背後には奴隷商人が隠れているのです。

## フランス、自由の国

わたしはあなたがたに、戦うフランスについて、民衆の自由への愛着が威光を放つフランスについて話しているのです。わたしはあなたがたに、世界が呼びかけているフランスについて話しているのです。わたしはあなた方に、その歴史とその人民とにふさわしいフランスについて話しているのです。

歴史、大いなる歴史は、全体主義的な帝国の墓場です。これらの存在は、その巨大さゆえに人工的であり、その土台部分ゆえに崩れやすく、その行為ゆえに非人間的です。

わたしたちが考えるフランスは、有り得る中でももっとも現状を捉えたものです。

国民国家の時代が再来しています。時代は、国境に、つまり自然で法に叶った保護にあります。時代は自己のための努力に、市場に操られた卑怯な大規模複合組織から分離することにあります。

国境保護がないゆえに、わたしたちは世界のあちこちで65の、合わせると総延長4万キロにもおよぶ分離壁が建設されている、ないし計画されているのを目撃しています。フランスではカレーで植物壁が、個人宅にはますます高い囲い塀が立てられているのです。

## わたしたちの主権の手段を見つける

世界は、空間、時間、生命の限界に再び気づき始めています。わたしたちは、複数で、多様で、屈することのないこの世界において、わたしたちの主権の手段を、外部に対しては外交、軍備を、内部では政治、貨幣、そして国家Étatを手に入れなければなりません。

それを待っているこの世界では、フランスはその歴史とその家族に義務を負っています。フランスであり続けること、今日ではこう言わねばならないでしょう、再び自分自身になること、この義務をフランスはわたしたちに負わせているのです。

わたしたちの希求する自由は、上から布告される権利ではありません。それはつねに再獲得しなければならない特権なのです。

自由なフランス、自身の法律、経済、通貨をコントロールし、自身の国境を守るフランス、これがあらゆる国の政治の条件です。

ここからすべてが始まり、すべてが進み始め、すべてが正常に作動するのです。

## フランス人の一体性

まずは市民権です。

国民の破壊と国家の弱体化が各人を、もはや国民的企図を乗り越えることのないアイデンティティの倫理的、宗教的、文化的基礎付けへと差し戻す時代にあって、市民権の問いは重大です。

フランスとはすべてのフランス人にとっての祖国です。しかし、フランスの民衆以外の誰も、誰がフランス人なのか、誰がフランス人になれるのか、どんな条件で誰が共和国の法の恩恵に与ることができるのか、そして国が保障する権利への道を開く義務はなんなのかを決めることはできません。
領土への出入国、居住、権利の認可といった問題を扱う、排他的能力をフランス政府がもつかどうか、これを判断するべきは、フランスの民衆の名においてです。

〔貧困地区の格差解消を目指した〕都市政策や謝罪の政治が失敗した今、成功できるのは国の誇り以外の何ものでもありません、なんという代償でしょう！

これが国民国家 Nation の本当の意味なのです。これが、出生地、宗教、文化の違いを、もう一つの出生、信仰、文化へと統一することで乗り越えるのです。

これが、努力、労苦、そして血によってフランス人であるという権利を獲得した多くの世代の経験なのです。かつてはそうでした、なぜなら彼らはそれを望んでいたから。

フランスの偉大さは、フランスを、あらゆる他の所属関係、絆、愛着に対して優先させる準備のできている人々すべての偉大さです。

この、国民として要求されることは、閉鎖性とは反対のものです。

これが、わたしたちをいまのわたしたちにしてくれた人々と、フランス人となるチャンスをわたしたちがこれから与える人々との間の、時を通じた継承という重要な絆なのです。

## 繁栄なしに主権なし

国のアイデンティティと国の主権の問題はまた、雇用と購買力の問題とも切り離せません。なぜならこれら〔アイデンティティと主権〕の問題が経済発展の条件そのものだからです。

これらは、社会的平等と国民の友愛の条件です。

あちこちへ処方箋を求めにいったり、専門家委員会や有識者会議等を設けたりする必要などありません。団結、信頼、自己や環境や原理原則への自信、これが経済を決める本当の道徳的政治的条件なのです。わたしたちはある逆説のなかにいます。

フランスはOECD加盟国であり、最も高率の課税を行っており、国は家計と企業から最も多く徴税しています。しかし、逆説的にも国は、国の宝を民営化によって売り続けるか、あるいは何らかの産業的戦略を実行するのを拒否し、国の宝を失っています。アトランティーク造船所とアスルトムに関する最近のニュースがそれを冷酷に物語っています。

フランスは同時にまた、国の将来に対して市民が最も悲観的な国の一つであり、自分たちが貧困に、しかも極度の貧困に陥るのではないかと強く疑う人々が最も多い国の一つでもあります。

フランスは平等を主張しますが、退職、雇用、教育を前にして最大の不平等を容認しています。あまりに少ない給与や年金、貧困、修学困難。

フランスは企業の自由を主張しています。しかし、フランスは、フランスの企業の株式への投資に対して最も重く不利な条件を課しています。

そして最後に、フランスは、競合状態にある会社で働く人々が、行政も同様ですが、最も働き、時間あたりの生産率が目を見張るほどの高さを示し、世界でも最も能率のよい国の一つになっています。

## 経済的愛国主義を再び

この逆説は見かけにすぎません。

国の経済に現実に関わっているフランス人はあまりに少なく、自分たちの仕事の、素晴らしい能率のよさが生み出す成果から、十分に利益を得るフランス人はあまりに少ないのです。業界でも世界最大のなかに数えられる、巨大な、かの十数のフランス企業がその恩恵に与っているのです。そうしたフランス人の中でも、公共の、行政区画の、国のインフラ整備に携わる行政の被雇用者たちを、わたしは忘れていません。こうしたインフラなしにはこれら企業がその能率のよさを発揮できないでしょう。

誤った政治的選択の帰結である大規模な失業に見舞われ、働き、企業し、投資するフランス人のほとんどが、フランス経済の結果に本当には参与していないのです。

多くの地方、多くの町を見舞い、多くのフランス人に永きに亘って失業状態を強いている産業空洞化は、わたしたちに対して挑まれた経済戦争、すなわち原子力産業、エネルギー産業、遠隔通信産業、航空産業、医療、軍事産業において、大きな価値を持つ数百万もの雇用と同様に、フランスの独立を脅かす経済戦争によって説明がつきます。

それはとりわけ多くの専門家とそれに従う政策決定者が、自由市場、自由で不正なき競争という教義のために、少なくともいわゆる賃金の、社会の、環境のそして国庫の競争のために、経済的愛国主義を犠牲にするという、うぬぼれのためです。自分の省内で「経済政策」について話すことを禁じた大臣までいたほどです！

多くの指導者たちの愚行がなければ、産業の空洞化はすぐに止まるのです。彼らは、他国には行うよう説いていることを自分たちには適用しないよう警戒している諸国から発せられる方針に、盲従しています。なかでも米国は自分たちの農業と産業をあらゆる手段を使って保護し、国益が掛かっている時にはいかなる手段も躊躇しません。あなた方はわたしのしていることをするのではなく、わたしの言うことをしなさい、という訳です！

国の資本主義の利益が皆に行き渡る、継続的成長、国の通貨、社会的平等を。

轡を外された財界、単一通貨、大衆監視、アメリカの覇権、これらが、グローバル化した資本主義の利益を、税金も払わず平等を慈愛によって置き換え、あらゆるルールと正義からよりよく逃れ、資本、配当金、富のかつてないグローバルな集約から利益を得るためにノマドたろうとする、少数の人間の手に留めているのです。

国の経済のためになる回答とは、参加と協議です。

過度な個人主義によって作り出された状況に対する回答は知られています。それはわたしたちの身の回りにあります。目を開ければ十分なのです！

国の経済は、経済的現実主義、プラグマティスムを基礎とします。すなわち、国境の内側で、国によって決められたルールの枠内で、国家が、必要な時は介入し、毅然と指令することを辞さない、これが必要です。というのも国家だけが全体の利益、要するに、市場経済を視野に収めているからです。

国の外では、国益に資するものならすべてを求め、他国に資するもの、自国民を害するものは一切不要です。回答は、サラリーマンの企業資本への参加を刷新することを必要としています。回答は、刷新の意味すべてを生活と民主的討論へと返す協議の方法を発明します。

回答はとりわけ次の革命を要請しています。

経済の、財政の、市場のあらゆる領域において、政府はまずフランスのことを考えること！

公債発行、財政裁定、フランス企業の外国資本への売却の認可といった手続きすべてにおいて、唯一の優先項目は、フランスとフランス人の利益、これが第一です。

選挙のたびに、公的活動あるいは政局運営の判断のたびに、代議士あるいは指導者を評価するたびに、決定的な判断基準となるのは、フランスとフランス人の役に立ったかどうかです。

中国やインド、アメリカにおいて、ほかの基準、ほかの原則が判断を動機づけ、行為を引き起こすとお思いでしょうか？

彼ら自身が非常によく戦いに備え、国としての至上命題をあまりに意識しているがゆえに、それのみを理由として彼らがわたしたちに戦いへの備えを解くよう、国を意識しないよう教えているとお思いですか？

経済的愛国主義が、グローバル化した経済戦争において、わたしたちに新たな地位を与えるためには、権力を回復しなければなりません。まずはわたしたちの考え、分析、意見に対する権力を回復しなければ。

繁栄する国の経済の道であり、米国、中国、インドからロシアあるいはイスラエルに至るまで今日勝者となっているすべての勢力によって選択されている道である、この参加と協議の社会へ向けて前進するためには、それが必要なのです。

## 国の活力を解き放つ

フランスは、知、科学、観念の先駆となり、征服し、探求した人の国でありましたし、今日でもそうです。進歩の、刷新の、フランスの偉大さの力が再び立ち上がるためには、成功に罰を与え、新たな取り組みを挫き、リスクのある投資による収益を優先する、財政上の制約と不正を、規制上の、司法上の制約を軽減することが、国内では必要です。対外的には自己を優先し、国民を第一とする原則を強化せねばなりません。賢い保護主義、自国の産業を勝者にさせる能力、これらは下品な言葉ではありません！

企業のリスクを取り、フランスの会社の共同所有者となるフランス人が、より多く、よりよく成功に関心を抱かねばなりません。

これら企業の社員たちは、資本の協力者として、自身の成果に対してより多くの分け前に与るのでなければなりません。

しかしまた、産業や商業の財産がよりよく保護されねばなりません、そして自国の利益と、自身の金融上の利益とのあいだで選択をする人々が、彼らに見合うように裁かれねばなりません。しかし、ある人々の成功が皆の進歩へとさらに貢献し、国内の資本主義がより良くより高度になり、フランスがより大きく、より豊かで、より強くなるような結果をもたらさねばなりません。

今や、産業に関わる大方針、サービス産業の大方針、銀行と金融に関わる大方針、またとりわけ国の資本を民衆のものとする政策を考える時が来ました。

成功と偉大さ〔を取り戻す〕ためのいかなる手だてもフランスは欠くべきではありません。

経済は国民と切り離せませんので、危険な民営化、公共空間やわたしたちの共有財産に掛けられた公債を、再度検討しなければなりません。そしてそこから帰結する、権力の弱体化、安全、信頼、市民的自由という名の国民的遺産がフランス人の手で台無しにされていることを詳細に分析しなければなりません。

最後に、財産、信教、人命の安全です。すべてのフランス人のフランスは公共空間、公共サービス、公共財のフランスです。

皆にとって最初のもの、それ無しにはほかのすべてのものがその味わいを失ってしまうもの、それは安全です。

安全なしに、私有財産はなく、誰にも自由で無料に平等にアクセスできる公共空間もなく、あらゆるフランス人に保障された公共財もありません。

集団の、政治の、文化の社会の安全がなければ、要するに、進歩もないのです。

環境の回復力、わたしたちの領土の堅牢さがなければ、風景や土地に愛着を抱く住民の身体的精神的安全もないのです。

同調や官僚的規範による——あたかも官僚的規範が一つの政治であるかのように、同調が責任からの逃避とは別物であるかのようにして——権力の掌握によって引き起こされた損害は、集団の財産、共通の財産、そして政治を前にした全般的な失望を生み出します、それはあまりに深いゆえに、フランスの不幸、地球上で最も明るい民族の一つを捉えた奇妙なこの脆さの起源となっているのです。

## 未来はわたしたちの手に——未来はわたしたちにある

現状にフランスとフランス人に対する絶望の動機を見いだす人々もいます。わたしはそこに希望の理由を見いだします。

たしかに挑戦は重大です。しかしわたしは、最も深刻な時代における跳躍を可能にするフランスの才能、フランス人の才能を信じています。

絶望する人々がいるとすれば、それはかれらが多くを期待していたからなのです。不幸に感じている人々がいるとしたら、それはかれらがフランスの幸福、フランスの喜び、フランスの〔希望の〕成就を思い出しているからなのです。

それほどまでに信じていなければ、彼らはそれほど疑うことはないでしょう。それほどまでに希望を抱く気になっていなければ、彼らはそれほど恐れることはないでしょう。

この戦いで、フランスはフランス人のために、世界のために勝たなければなりません。フランスに期待する人々、フランスに希望を抱く人々、フランスが再び偉大な道に戻ることを疑わない人々のなんと多いことでしょう！

彼らの期待に答えるために、世界中でフランスを見つめ理解に苦しむ人々すべての期待に答えるために、わたしは、ハバナ憲章 accords de La Havane〔本来は accord ではなく charte〕をフランスによって国連で更新させます。

この憲章は、国連の設立そのものに際して、通商よりも進歩を、金融と市場の自由よりも社会的、人間的発展を上位においていました。

環境的安全への権利、自国の機関、法、政府の完全性 intégrité〔他国に干渉されないこと〕への権利、自国財源の行使についての決定権、自国領土に適用される社会的財政的ルールを定める権利。

最後に、精神的、文化的完全性への権利。

というのも、すべてが売り物となるとき、意識そのものや生命そのものまでが他と同様の財となり、他のあらゆる製品と同様世界市場で取引の対象となるとき、自由が広がっているのではなく、奴隷制、農奴制、搾取が再来しているのです。

政治的自由があらゆる自由のうちで最大であり、障壁のない世界は死んだ世界であるということを再度肝に銘ずることがフランスにはふさわしいのです。

フランスの名において、わたしはこの戦いに身を投じます。

## 諸々の民衆の名において、フランスの民衆の名において

フランスの民衆とともに、世界のあらゆる自由な民族とともに、わたしたちはこの戦いに勝つでしょう。

それは自由の勝利であり、本当の進歩の勝利です。

これは、フランスのための戦いなのです。

この戦いがほかのすべてを決定します。政府の原則は単純です。

それは自由な民衆の政府全体の原則であり、主権をもった〈国民〉に奉仕するものです。すべてはフランスの民衆のため、フランスの民衆なしにはなにもなく、なにもフランスの民衆に反するものは認められません。フランスの民衆を騙すもの、従属に結びつけその元に置くものは認めません。

フランス人の利益を政治的決断の核心に据え直す時が来たのです。

フランスを、自由なフランスを、あらゆる裁定、あらゆる選択の核心に、世界の核心に、再び多様で、複数で、汲み尽くしがたく、生き生きとし始めている世界の中心に据え直す時が来たのです。

そしてこう宣言する時がきたのです。フランスなしには、フランスの民衆の活力も、熱気も、愛もない、なにもできない、なにも勝ち取られない。

この時とは、わたしたちの熱気を感じ、わたしたち自身の活力への信頼を取り戻す時なのです。みなさんの祖国への愛がためされる時なのです。この祖国は、単なる観念、遺産、あるいは政体とは別の、それ以上のものです。

というのも、塹壕で死んで行った人たちは自分の子どもたち、子どもの子どもたちのために死に、フランス人であり続けたからです。

というのも、占領下の闇夜で闘った人々、今日では、フランスを服従させようとするテロ作戦によって死んだ人々は、抽象的でぼんやりとした観念や、契約や権利のために戦ったり、死んだのではなく、この生きている、貴重で、身近なもの、つまり祖国の自由！　民衆の自由のために死んだのです！

わたしたちの間にある違いを越えて、個人史、党派的選好を越えて、標語や政策を越えて、わたしたちはフランスを共有しています。わたしたちは今やそれが本質的なことであると知っています。フランス、それなしにわたしたちは生きることはないでしょう。

フランスのために、フランスの情熱をもってすれば、フランス第一の情熱をもってすれば、各々のフランス人が自由において才能を開花させるための条件を整えることができるでしょう。

そしてわたしたちは立ち上がり、ともに、企て、勝ち得るものに信頼と誇りをもって努力すること、フランスを自身の運命に返すことができるでしょう。

民衆のために！

共和国万歳！

フランス万歳！

# 第2章

# フランス人であり続けること

## （2017年2月5日 リヨン）

### ――文明の選択、三つの革命

# 子どもたちは、自由で、独立し、民主的な国で生きられるのだろうか？

「わたしたちはまだフランス人であることを止めていない」――ヴィクトル・ユゴー

淑女、紳士のみなさん、非常に親愛なる本土、海外県、国外の同胞のみなさん。

今日みなさんがここに多数お集りになっているのは、みなさんお分かりだからです。最近のニュースがはっきり証明したように、カネの右派、カネの左派に抗して、わたしは民衆のフランスの候補者であるということを。

実際、あらゆる点で、この大統領選はほかとは違います。この大統領選では、わたしたちの国の行方を根本から左右する決定的論戦が問題となっています。

自由な国としてのフランスの連続性がどうなるか、そしてわたしたちのようにまずフランス人として自らを感じている人々にとっては、民衆としてのわたしたちの存在がどうなるか、これが選挙の結果にかかっています。数十年におよぶ過ちと怠慢を経て、そして、放棄、だらしなさ《レッセ・アレ》、自由通行《レッセ・パセ》、自由放任《レッセ・フェール》で仕立てられた偽りの政権交替を経て、わたしたちは岐路に立たされています。

これには、より重い意味があります。今回の選挙でわたしたちがしなければならない選択とは、文明の選択です。

問われていることは、同時にまた単純であり非情でもあります。すなわち、わたしたちの子どもたちは、自由で、独立し、民主的な国で生きるのだろうか？

彼らはわたしたちの価値観の体系に依って立つことができるだろうか？

わたしたちの子どもたち、そしてその子どもたちは、仕事やまともな給与を手に入れ、財産を築き、土地を手に入れ、安心できる環境で家族を作り、まっとうな介護を受け、学校で育ち、尊厳のある仕方で年齢を重ねることができるだろうか？

わたしたちの子どもたちはわたしたちと同じ権利をもつだろうか？

彼らは、わたしたちの文化的拠り所、文明的価値観、生き方を生きるだろうか？ さらには、２０２４年パリオリンピック開催都市立候補のために英語のスローガンを選ぶほどにこの国民の宝を食いつぶす政治指導者たちの烈しい攻撃のもと、解体されているわたしたちの言語、フランス語をわたしたちの子どもたちはまだ話しているだろうか？

特定の大統領選立候補者たちが、自分の空虚さでいっぱいになり、フランス文化など存在しないなどと説明するとき、わたしたちの子どもたちはフランス文化を自分のものであると主張する権利を持ち続けるだろうか？

わたしはこの大事な問題を問いたい。なぜなら、わたしたちの敵とは反対に、わたしたちはフランス人の物質的遺産だけに関心を払っているのではなく、フランス人の非物質的資産もまた守りたいからです。

この非物質的資産に値段は付けられません、なぜならこの遺産には取って換えられるものがないからです。現実的には、わたしは、わたしたちの社会の原動力となる壁を守りたいのです。

## 経済的グローバル主義とイスラム原理主義

もっとも、誰もがこのことを意識しています。こうした問題の全体が今日では再度問われているのです。わたしたちの指導者たちは規制なきグローバリゼーションを選びました。それが幸福《ウルーズ》をもたらすものと信じて選んだのですが、実際には恐るべき《アフルーズ》ものであることが明らかになったのです。特定の人々による暴利の追求によってのみ進展するグローバリゼーションは、二つのレベルで展開します。一つは、世界中の社会を不当廉売《ダンピング》するテコとなる大規模移民による下からのグローバリゼーション、そして経済の金融化による上からのグローバリゼーションです。

交易の増大に伴う事実として存在していたグローバリゼーションですが、彼らはこれを一つのイデオロギーにしたのです。すなわち、あらゆる制限を、グローバリゼーションのあらゆる規制を拒む経済的グローバル主義です。これは、それゆえに、国民国家《ナシオン》の免疫的防御力を弱め、国民国家を構成する要素である国境、固有の通貨、自国の法の権威、経済の指揮権といったものを奪い去りました。そうして、もう一つのグローバル主義、つまりイスラム原理主義を生み、増大させたのです。

イスラム原理主義は、年々我が国を苦しめる大量移民により生まれた、有害な共同体主義のただなかで拡大したものです。

以上によりわたしたちは、敵を名指すという最初の政治的行為を成し遂げたことになります。

これら二つのグローバル主義は、今日、お互いを助け合っています。

金融的、ビジネス的グローバル主義。EU、金融、〔それらに〕飼い馴らされた政界の中枢などは、このグローバル主義の献身的下僕です。

わたしたちの生存に関わる利益を外国で攻撃するだけでなく、わたしたちの国土でも、特定の界隈に、特定の場所に、特定の弱き心に根を張る、ジハード的グローバル主義。

各々がわたしたちの国、すなわちフランス、わたしたちが生活し、愛しているフランスの消滅のために働きかけています。それゆえにフランス人は、喪失感を抱いているのです。

## 二つの全体主義に対して、わたしたちにはもう時間がない

これら二つのイデオロギーは、わたしたちの国を屈服させんとしているのです。

一つは、グローバル化した金融、すなわちすべてを売買するイデオロギーの名のもとに。もう一つは、過激化したイスラム、すなわちすべてを宗教とするイデオロギーの名のもとに。

わたしたちの自由と国を脅かす二つの全体主義に対して、わたしたちにはもう時間がありません。精神主義の、見せかけの、小手先の帳尻合わせ、大いなる怠慢では手だてになりません。

わたしたちは明晰さ、決断、亀裂なき一体性を示さねばなりません。

経済的グローバル主義は、ゆっくりと、しかし確実に進んでゆく窒息によって命を奪うのです。

イスラム原理主義は、共和国の抵抗を周到な計画により悩ませることによって、絶えず要求を突きつけることによって、わたしたちにとって納得できるものでも検討できるものでもありえない妥協案を突きつけることによって、わたしたちを国内で攻撃しています。

次のことを忘れるのではなく、わたしたちの傷つけられた記憶に留めましょう。つまり、イスラム原理主義は野蛮であること、それは、殺しながら、虐殺しながら、とりわけ、テロないしは大量殺戮のための薄汚い卑怯な武器を使いながら、毎日世界のどこかで姿を見せているということを。

## 人間を消費者あるいは生産者の地位に貶めるもの

あらゆるイデオロギーの戦いと同様、わたしたちの国にも、手先となる愚か者、仲介役、多かれ少なかれ意識的な共犯者がいます。彼らは臆病、盲目、あるいは貪欲によって、フランスの敵である野蛮なこのイデオロギーを定着させる企ての役に立ってしまいます。前進するために、これら二つのグローバル主義的イデオロギーの信奉者らは、自分たちがわたしたちの諸原則に立脚しているかのような幻想を与えます。実のところ、彼らは自分たちの全体主義を打ち立てるため、自由に訴えかけているかのように見せかけているのです。実のところそれは、鶏舎に侵入したキツネが行使する自由です。

第一に、経済的金融的グローバル主義は、通商の自由、移動の自由、移住の自由を訴えます。その挫折を指摘しようなどと思う者にはかならず、無知との批判が、なんだかよくわからないイデオロギー的逸脱との非難が、精神的退廃との断罪が投げかけられます。

経済的作法に背いたという廉で、彼らは良き社会から追放されるのです。経済的金融的グローバル主義は、自らの経済的失敗や、自らが引き起こす社会的荒廃を目の当たりにしてさえも決して譲歩することのない、偽の経済報告に立脚しています。

目的は、人間を消費者あるいは生産者の地位に貶めることにあります。

諸国家はもはや、心の飛翔によって一体となった諸国民国家ではなく、市場、あらゆる物とあらゆる人間の商品化が予想される、可能になる、認められる、さらには組織化される空間なのです。

民衆はもはや人口という意味しかもちません。

シェンゲン協定によって国境は消されました。結果、わたしたちの国は、だれもが自由に来て、留まる駅のホールのような空間になってしまいました。そこではだれもが、数によって社会保障の水準を下げることに、給与の引き下げに、世界に共通するような最大公約数〔最小公分母〕のなかへと文化を希釈することに、思いのまま貢献できます。

規格化された製品の商品化に、しばしば地球環境を枯渇させ、あるいは第三世界の児童労働を犠牲にした暴利を得ることに資するため、諸民族の文化、すなわち世界の多様性を成しているものが、グローバル主義者たちによって消される宿命にあるのです。

庶民《ムッシュルトウルモンド》は「勝者《ウィナー》」になるのだと信じさせるが、実際には歴史から切り離し、あらゆる帰属感情を奪い、あらゆる連帯を感じることのない世界に閉じ込めるのです。庶民は実のところ隷属した国における奴隷にすぎないものになるでしょう。

実際に、すでに申し上げたように、こうした世界観は、奴隷によって作らせ、失業者に売りつけるということを再び行おうとしています。

経済というものそれ自体が目的となり、人間はその役に立つ道具にすぎないものとなっているこの世界は、ノマドの、束の間の存在の、短期間の、使い捨ての、つまり、人工的で根本から非人間化された世界の時代へと、わたしたちを呑み込むのです。

人々の権利、彼らの社会的状況、彼らの幸福 bien-être、彼らの住む環境が、巨大グループ〔企業〕や特権階級の利益を調整する変数に成り果てています。

国民国家は、彼ら特権階級にとっては値札のつけられない障壁となっています。彼らの目には、国とは、「ともに生きること」がただ一つの要求事項であるような、地理的に開かれた空間です。ところが、この要求事項は、そもそもともに生きることを、お互いに攻撃し合わないことを、要求などしなかった諸々の共同体に対して突きつけられた要求なのだ、というわけです。

## 規制なき移民と、イスラム原理主義の蔓延

一方で野蛮なグローバリゼーションの促進と、そして〔他方で〕規制なき移民とその直接的影響であるイスラム原理主義の蔓延に対する、罪深き、さらには意図的な不作為とのあいだの、強力な結託をわたしは非難したい。

＊経済的グローバル主義が通商の自由を盾にして前進する一方で、二つ目のグローバル主義、イスラム原理主義は、わたしたちのものとは正反対の思想の枠組みをわたしたちに押し付けるために、信教の自由の原則を口実としているのです。

我が国の指導者たちの魂の弛緩と弱さは、ふたたび2日前にルーブルに死の種を撒こうとした〔この講演に先立つ2月3日に、29歳のエジプト人がパトロール中のフランス兵を襲撃する事件があった〕、このイデオロギーには、成長ホルモンとなりました。

この場を借りて、我が国の兵士、警官、憲兵に敬意を表したいと思います。彼らは時には命をかけてわたしたちを守っているのです。彼らには誠意をもって感謝すべきです。

しかし、わたしたちは、わたしたちが経験しているもの、あるいはむしろわたしたちが経験したくないものについて述べておきましょう。

わたしたちは、イスラム原理主義の軛《くびき》ないし脅威のもとで生きることを望みません。

原理主義はわたしたちにつぎのことを一緒くたに押し付けてきます。

・公共の場に男女がともに入ることに対する異議申し立て
・顔の全体を覆うかどうかは別にして、〔女性の髪を覆うイスラムの〕スカーフ
・社内での礼拝室、道端での礼拝、モスクにされた大聖堂

・スカート、仕事、あるいはビストロ入店を禁じられた女性の服従

これらのことを、いかなるフランス人も、いかなる共和主義者も、自身の尊厳と自由に愛着を抱くいかなる女性も受け入れることはできません。

拡大するために、過激なイスラム主義は、反フランス的改悛のプロから、イスラム左翼から、ノスタルジックな第三世界主義者から、ブルジョアから、あるいは時には特定の判事からさえ無責任な支持を得て、いわゆる「イスラム嫌悪」を盾にしています。

しかし、これら二つのイデオロギーの背後には非情にも人間の隷従が見え隠れしています。まずは、仲間との関係を断ち切り、孤立させ、伝統的絆を解消することでなされる、精神的な隷従です。

## 「大いなる危険を前にして、救いは、偉大さのなかにしかない」

経済的グローバル主義は個人主義、過激なイスラム主義、共同体主義を表明しています。見られるようにグローバル主義は、フランスを形成した諸価値の否定に、ほとんどのフランス人がいまだに自分のものであると認める諸原則（の否定）に立脚しています。それはすなわち、一人ひとりの人格の最優先、それゆえその神聖性、個人の自由、それゆえ個人が同意すること、国民の感情、それゆえ国民の連帯、諸人格の平等性、それゆえ従属状況の拒否です。

守りぬくためにわたしたちが戦っているこれらの諸原則は、わたしたちの国の標語「自由、平等、友愛」

において確かめられます。そしてこの標語自体は、キリスト教の遺産に由来する諸原則を世俗化することで生まれるのです。

しかし、これら二つのグローバル主義はわたしたちの国民を攻撃するだけではありません。それぞれがわたしたちの共和国をも、その分割不可能性を問題にすることで攻撃しているのです。

わたしたちは承知しています。既成秩序《シュブヴェルティール》の破壊が、敵の戦意を喪失させる方法であることを。

わたしは、はっきり言います。敵のつけこみなど許しません。

既成秩序の破壊など許さないようにしましょう。

脅しなどさせないようにしましょう。

〔攻撃への〕返答は、小手先のものではなく、有無を言わせぬ強力なものです。だからわたしたちは、国の精神的再武装を、国民エネルギーの奮起を訴えているのです。わたしたちは抵抗と再獲得を訴えているのです。「大いなる危険を前にして、救いは、偉大さのなかにしかない」、ドゴール将軍は戦争の回想録のなかでそう書いていました。

わたしたちにとって、フランスより美しいものはありません、わたしたちにとって、フランスより偉大なものはありません、わたしたちにとって、フランスより世界の役に立つものはありません！

国民の利益という赤い糸を忘れてはなりません、あらゆるものは民衆から生ずるということを忘れてはなりません、それゆえ、民衆を政治的主体として再興しましょう。

## フランスの運命はあなたがたの手が握っている

野蛮なグローバリゼーションの闇の穴においては、原理主義者らの無知蒙昧に面しているかのように、わたしたちをそのなかに突き落とそうとする連中もいるわけですが、わたしたちが立ち向かうのは、ともに、一体となって、集団となってです。

彼らはわたしたちの一体性を解こうとするわけですが、わたしたちは、フランス人を団結させるあらゆるもの、この定義不可能だけれども、かくも深く、かくも安らぎを与え、わたしたちのあいだに心からの友愛を生じさせ、一緒になって未来に立ち向かうことを可能にする絆を強めます。

わたしたちが偉大な民衆であること、自身のなかに自由を、諸価値の肯定を、偉大さを、運命を実現する手だてをもっていることを知っている民衆であるということを見失わないようにしましょう。

いわゆるエリートが今の今にいたるまで失敗し、そしてあまりにしばしば裏切ってきた状況下では、唯一の頼みの綱は民衆です。衰退を進める諸勢力からの離脱を生じさせるのは、民衆の意志なのです。回復を始めるのは民衆の決意なのです。国を光へと導く女性や男性が現れるのは、民衆のなかからなのです。わたしたちを見つめる、あるいはわたしたちに耳を傾けるフランス人にわたしは言います。フランスの運命はあなたがたの手が握っているのです。

こういった理由でわたしは、フランス人の前で厳粛な公約をすることで、わたしたちの選挙運動員が全国の壁に掲示している「民衆の名において」という公約をすることで、民衆の印璽《いんじ》〔大統領〕に立候補したのです。

## 有権者に負っているわたしの真理　１４４の公約

この週末、フランスのためのわたしの政策案が、みなさんに提示されました。わたしがわたしたちの国のために望むことを、できるだけよくみなさんが理解されることをわたしは望みましたので、わたしはそれを、公約を中心にして整理しました。

つまり、わたしが、有権者に負っている限りの真理である、１４４の公約です。

なぜなら、わたしが〔大統領に〕選ばれた後は、ほかの誰もがそうするように選挙戦を忘れてはならないからです。そうではなく、フランス人がそのためにわたしを選んだところのものをつねに心に留めることが必要です。そしてわたしはフランス人に、一つひとつ、これらの公約が守られたかどうか確かめることを要求するつもりです。これが、わたしが点検民主主義と呼ぶものです。

なぜなら、点検なしに、民主主義もないからです。

点検がなければ、民衆に向けて語ることなど何の役にも立たないのです。民衆の名において選挙戦を戦うときに、毎日一度、わたしたちに資格があるのか問うのは、民衆の名においてなのです！

この政策案は、集団で作成したものでもあります。これに貢献してくれた方々に感謝申し上げます。まず第一に、全体を統括してくれたジャン・メシア〔オラス代表〕に、諸々のグループ、キャップ Cap〔comité d'action programmatique：国民戦線の行動計画策定委員会〕やオラス Horaces〔マリーヌ・ルペンの政策顧問集団〕に、また、党内外の数多くの協力にも同様にお礼を述べたいと思います。

これを読む人は、その一貫性とバランスに驚くことでしょう。その現実主義と現代性に驚くことでしょう。今日世界が経験している大きな歴史的運動との共鳴に驚くことでしょう。

無気力で、政治における意志の重視を、あるいは結果を重んずる文化をすっかり欠いた今日の政治世界にあって、この政策案は三重の衝動によって突き動かされています。

＊愛国主義の革命
＊身近さの革命
＊自由の革命

## 愛国主義の革命　フランス人を一体とするもの

政治、それも、一つの国が自らの道標を見いだすことを可能にする、高度な政治は、意味と絆を創り出すことにその本質があります。

政治的指導者というものは、わたしたちを一体化させる、居場所や出自にかかわらずフランス人を一体化させる社会的協定の基盤を、明確に示せなければなりません。

フランスが千年続く国であると、一つの歴史であると、一つの文化であると呼びかけることが、政治的指導者の義務となります。

フランスとは愛する行為なのです。この愛には名前があります。愛国主義です。〔フランスの国歌〕「ラ・

マルセイエーズ」が鳴り響く時、あるいは三色旗が歴史の風にたなびく時、わたしたちの心を一斉に高鳴らせるのは、これなのです。

右翼も左翼も、〔アフリカ大陸南東のフランス領〕マイヨット島から〔フランス本土南東部の〕アルデシュ県まで、ゆりかごから歩行杖まで、工場から事務所まで、フランス人を一体とするのは、これなのです。

わたしたちのビジョンを世界主義者たちのビジョンと対立させるのは、これなのです。

この愛国主義も奪われ、フランス人は自国を愛する権利をもたないことに、沈黙のうちに苦しんでいます。

もしわたしたち自身がフランスを愛さないのなら、フランスを愛してもらうことはできないでしょう。

ところで、あなた方はあなた方の国を愛する権利と、それを見せる権利さえも持っています。

いまや、国民感情を活性化し、日常的に息づかせ、わたしたちの子どもたちに、自分たちの国を作り上げているものや作り上げたものすべてを教え、自分たちの同胞を愛することを教え、自分たちの歴史に誇りを持つことを教え、フランスがもつ力に信頼を寄せることを教える時です。

わたしたちが望むのは、各々のフランス人が、自身の人生設計あるいは人生の困難において国という共同体に支援されているのだと、注意を傾け親愛を寄せてくれる国によって支えられているのだと、感じられることです。

国は国民に奉仕します、つまりわたしたちの集団的企図に奉仕するのです。しかしまた、とりわけ、できるだけの対価で、高品質の公共サービスを保証することによって市民にも奉仕するのです。

フランスが行う社会的給付は、世界中から〔フランスに〕来る人々に配分されているので、困難に喘ぐ同胞フランス人たちを、特に、廃止せねばならないエル・コムリ法〔労働時間や雇用の調整を容易にした。2

016年8月8日発布〕によりすでに直接被害を受けている女性たちを犠牲に、わたしたちの社会保障システムを破産させると予測されています。

これらの女性はしばしば片親家庭の大黒柱であるのですが、まさにその役割が、国民的連帯の希薄化により、極度に不安定となっています。

そこから、この連帯を終わりにするとか、失業手当を引き下げるとか、病院の数を減らすとか、健康や社会的保護に関わる費用を減らすとか、もっと働かせるとか、給料や年金を減らし、税金をあげて、公共サービスを減らすとかいう、乱暴な結論を引き出す人もいます。

こんなことは問題外です。なぜなら、国民的連帯を、すなわちフランス人同士の基本的連帯の証を擁護しないのなら、わたしたちは自分が愛国者であるなどとは言えなくなるのですから。

この原則は憲法にも記されるでしょう。

月収が1500ユーロ以下の会社員や年金生活者に、3%の社会保障目的の輸入税による税収から、平均して〔一人当たり〕、年1000ユーロを振り込むことを可能にする「購買力給付金」prime de pouvoir d'achat〔低所得者向けの〕社会住宅や雇用を、わたしたちが国を挙げての優先事項とするのはこれが理由です。

をわたしたちが創設するのもこれが理由です。これによって、こうした、完全に貧困とは言えないけれど慎ましい生活を送っている労働者や年金生活者の苦しみが軽減されるでしょう。

これが理由で、わたしたちはまた、成人身体障害者に対する手当と、最低保証年金 minimum vieillesse を大幅に増額します。これが理由で、わたしたちは「若者住宅保護政策」protection logement jeune を立案し、27歳までの若者の住宅補助を25%増加し、断固として家族を援助するのです。

しばしばとても裕福なエゴイストたちが、月801ユーロ以上に最低保証年金を引き上げることは道徳に反し破産に導くと説明するのが、すでにわたしの耳に入ってきています。

政治家たちや、彼らの保証人、入念に選ばれた特定の経済学者たち、識者、できそこないの専門家たちが、断固たる口調で、それは経済学に反するとわたしたちに言って聞かせるのをわたしは聞いています。ところが、その経済学を応用することで、彼らは2・2兆ユーロもの借金、700万の失業者、900万の貧困層、そして6600万人の幻滅し、失意したフランス人を生み出したのです。

彼らを信じてはなりません！

会計的なエゴイストの、閉鎖的で誤ったビジョンに対して、わたしたちは意志を重視する、ダイナミックで、正しい、有徳な、愛国的なビジョンを対抗させます。なぜなら、もう一度言いますが、全員が協力することによってのみわたしたちは成功するからです。

しかし、愛国主義は尊敬される国、それゆえ他国に尊敬させる国というものも想定しています。この限りにおいて、わたしたちは、不法外国人が決して正規滞在者となることなく、帰化することなどよりいっそう有り得ないという原則を適用するでしょう。

## フランスの法律や価値以外に、法律や価値は存在しない

法がまかり通らないという状況から、権利が生まれることはありません。〈魂〉は消し去られます。ある国に居住したいのなら、まず手始めに法を犯すことなどしないでしょう。まず手始めに権利を要求し

ないでしょう。

あらゆる人に対していうまでもないこと、とりわけわたしたちが受け入れたあらゆる出自のあらゆる宗教の人々に対して言うまでもないことを、口に出しておいたほうがより一層よいからですが、はっきり言っておきたいのです。フランス国内においてフランスの法律や価値以外の法律や価値は存在しないし、これからも存在しない、ということを。

この主題については、いかなる退歩も、いかなる退却も、いかなる妥協もありません。

フランスにやって来た人々は、フランスを見つけに来たのであって、出身国に合わせてフランスを変容させにやって来たのではありません。あるいは、出身国におけるように生活したいのであれば、出身国に留まっていればよいのです。

悲劇の歴史から、宗教戦争には用心すべしという教訓を学んだ〔フランスのような〕国において、わたしたちは、世俗主義の規則を厳格に適用し、公共空間に広げて行きます。そして、企業内での宗教的主張や、職場での係争が増えていることを、不安をもって見守っている人々に応えるべく、わたしたちは労働法に世俗主義の原則を記載します。

専門用語を振り回す教育学主義的な行き過ぎによって退けられた国民的小説を、わたしたちは、フランスのすべての子どもたちのために、学校教育で復活させることを望んでいます。

フランスに対する嫌悪がまき散らされるのを国家が許すようなことを、わたしたちは望みません。

わたしたちの美しい言語を使いこなせる能力やわたしたちの文化への愛を未来の市民に継承する公立や私立の学校を、わたしたちは望んでいます。

同様に、小学校ではすべてのフランスの少年少女たちにフランスの歴史と数学という、本質的な知識を完璧に身につけさせます。

わたしたちは、伝承するフランスを、伝承されるフランスを望んでいるのです！

この延長線上で、わたしたちは歴史的文化的遺産の保護と推進を憲法に明記します。わたしたちはフランス語圏の名声を再び高めます。わたしたちは、国の建造物、のみならずわたしたちの戦略的計画を、外国〔資本〕からの詐取 captation や投機 spéculation から保護します。わたしたちは海外県の同胞に、わたしたちの心のまんなかの場所を再び与えます。

最後に、帰属と連帯の感情を強めるため、わたしたちは青年男女に3ヶ月にわたる、民間ないし軍での国民役 service national を制定します。

これが先ほどわたしがお話した非物質的遺産の一部です。

## 第一の社会政策とは、人に仕事を与えること

〔ベーシックインカムなどの政策により〕労働《トラヴァイユ》は終焉するのだと告げ、労働は酷い仕方で座礁したのだと指摘する人々がいる一方で、わたしは、断固として労働を擁護します。

わたしたちは結局労働を認める国を望んでいるのです。なぜなら、第一の社会政策とは、各々のフランス人に仕事《トラヴァイユ》を与えること、正当な報酬が支払われる仕事を、尊厳をもって生き、人生設計を立て、人生を作り上げてゆくことを可能にする仕事を与えることだからです。

労働、わたしたちはそれを、わたしの敵陣営が削減しようとしている、時給が増加される残業時間の維持と残業代免税によって、促進し報いるつもりです。

会社員らによって待ち望まれたこの政策は、購買力強化の必要性と企業にとってのある種の柔軟性の保証とを調和させます。

労働を守ること、それはまた労働所得への課税を引き下げることでもあります。

下位三つの所得層に対する所得税を10％減らすのですから、引き下げ率は相当なものです。

お分かりのように、わたしたちの計画は、大きな活力、バランスを保つ活力の満ちた計画なのです。

わたしたちには奉仕すべき人物もいなければ、返礼をすべき人物もいない、お得意様の顧客もいない、礼を言う仲間内もいない、ご機嫌をとるべき金融権力もいない、お気に召さなければならない外国もないのです。

わたしたちは、民衆が中心であり、同時に大義であり主題である計画を自由に立てます。そして各々のフランス人は自由に、自分のもつべき場所を見つけ、人生を作り上げ、自らの才能を発揮することができるのです。

## 身近さの革命

わたしたちが行いたい二つ目の革命とは、身近さの革命です。

わたしたちはグローバルに反対し、ローカルを守ります。

グローバル主義者たちが主張するように、ある大陸で生産し、別の大陸で加工し、そしてさらに別の大陸で消費することが、理《ロジック》に適って、環境《エコロジック》に優しく、さらには経済的《エコノミック》であるなどと、一体誰が信じるでしょうか。

生産の分野では、フランスの生産業者の再編と熟練を前提とした小規模なネットワーク、国内加工ネットワークの再ローカル化、そして倫理的な流通ルートの組織化を最優先したいと思います。

生産者には、適正価格の保証を。

消費者には産地の、それゆえ質の保証を。

フランス人にとっては、食の安全の、それゆえ自分自身と家族の健康の保証を。

わたしたちは、持続可能なフランスを望んでいるのです。

フランス製品の再ローカル化は、賢い保護主義と経済的愛国主義を通じて実現します。これらはわたしたちにとって自然な成り行きですが、今日では欧州連合によって禁止されています。

この経済的愛国主義はとりわけ、競争入札にとってのみならず、わたしたちの目には不可欠で戦略的であると思われる産業の公的支援にとっても、意味をもつことでしょう。

ところでこの身近さの革命はまた、過疎化を阻止することでもあります。

それはわたしたちの身近な商取引、わたしたちの身近な公共サービス、わたしたちの共済保険、わたしたちの身近な薬局や銀行を保護することでもあります。

それは身近な学校、病院、代議士を有することでもあり、それゆえ、自治体の数を３万５０００から６０００に減らし、地域住民と彼らの〔市町村区等の〕首長との特別な関係を帳消しにしようとする、常軌を逸した計画に対して戦うものです。

市町村区役所・県・国。わたしたちの身近さはそこにあるのです。広域連合 intercommunalité や、遠く離れ費用のかかる〔複数の県が集まった行政単位の〕地方圏議会Conseils régionauxのなかにあるわけではありませんし、さらには、正統性も効率も欠き、民衆の熱意から切り離された欧州連合のなかになど、なおのことありません。

みなさんが点検することができる現実の唯一の民主主義とは、この身近な民主主義なのです。そして点検は、皆さんの声がなければ実施することができません。

ですので、わたしは発言権を民衆に返還するつもりです。なぜなら、民主主義において正しいのは、民衆のみであり、民衆に反して正しい人など誰一人としていないからです。それゆえわたしたちは、民衆の発意による国民投票を制定します。

みなさんはある法律を待ち望んでいますか？　それはまだ実現してませんか？　みなさんのうち50万人で、国民投票を引き起こすことができるでしょう。こうして民衆が発言するでしょう。ある法律が可決されたとします。それはみなさんにとって望ましくないものですか？　みなさんのうち50万人で、国民投票による修正を要求できるでしょう。こうして、民衆が意見を表明するのです。みなさんが、あらたに、本当に、制御を行うことができ、そして主権者の地位にあらたに返り咲くのです。

## 自由の革命

愛国主義の革命、身近さの革命、そして最後は、自由の革命です。

自由のうち第一のものは、安全です。これが5年任期の優先事項のうちの一つです。

30年来、あらゆる政府が挫折したのですから、みなさんはわたしに何と言うでしょうか。

わたしたちの手法は単純です。わたしたちは法律を適用するのです！

なぜなら、リシュリュー枢機卿が言ったように、「法律を作り、それを実行しないこと、それは禁止したいものを許可すること」なのです。

わたしたちは現実に法治国家を再建するでしょう。すなわち共和国の法を、それを引き合いに出す権利が失われた場所で、政府の人間が明らかにそうする勇気も意志も持っていない場所で、適用するでしょう。

犯罪者が罰せられない状態、無法地帯、特定の界隈における首領《カイド》の独裁、薬物や武器の密売、強盗、車の焼き討ちを、わたしたちは本当に終わりにします。

確実に訴追すること、確実に罰すること、確実に服役させること、外国人犯罪者に対しては国外への強制退去を伴うこと。

わたしに耳を傾ける母親の皆さんに言います。わたしを支持してください。わたしたちの子供たちが怯えて生きることを、彼らが最初の被害者となり時には若い命を落とすことにもなるこの日常的暴力のなかで生きることを、受け入れてはなりません。

大量殺戮は終わりにしなければなりません。フランスの治安維持部隊が国にとってかくも重要な任務を全うするために、わたしたちは彼らに、必要な支援や支持と同様に、人的物的手段を再び与えます。

わたしたちは彼らを再武装させます。そこには、士気に関わる武装も含まれます、つまり、推定的正当防衛の制定です。

わたしたちは、刑務所収容人数を適切な数にします。外国人犯罪者が出身国の刑務所で服役できるように、出身国との協定を結びます。わたしたちは司法省の予算を増額します。わたしたちは不寛容という二語に集約される、刑罰上の解答ために備えます。

テロの分野では、わたしたちは、この恐怖とともに生きることに慣れるようフランス人に求めるつもりはありません。

わたしたちは、ここフランスから、そして国外の作戦の舞台でテロを根絶します。

わたしたちは、イスラム原理主義と戦っていますので、戦争状態における法的措置をフランスの敵に適用します。

わたしたちは、適切な技術的人的手段を備え、国内外を問わず諜報のために必要な諸条件と協力体制を整えます。

Sと分類される外国人は、国外に送り返されます。

Sと分類される二重国籍者は、フランス国籍を剥奪され、現実の国籍上の曖昧さが除去された上で、本国送り返されます。

Sと分類されるフランス人は、敵との共謀により訴追され、国民不適格者として罰せられます。

イスラム主義が伝播される場所は閉鎖され、憎悪の種を撒く者は訴えられ、追放されます。

イスラム主義を合法的に見せるショーウインドウとなるもの、とりわけインターネット〔サイト〕は、表示されなくなります。

だからといって、わたしたちは市民が安全に対してもつ自由を犠牲にするわけではありません。とりわけインターネットサイトの事前検閲、リストアップ、〔リストに挙ったサイトの〕すべての完全な監視については許可します。

わたしたちは反対に、わたしたちの国における個人の自由を再度確認します。

権力がすべてを見、すべてを聞き、すべてを禁止しようとする時代にあって、わたしたちは、憲法でその原則に言及することによるデジタルな自由の聖域化を、そして〔著作権を侵害するファイル共有等を禁止した〕アドピ法を廃止し、かわりにグローバルなライセンスを発展させることを望んでいます。

わたしたちはまた、デジタルファイル化の脅威から市民を守ることも望んでいます。

## 強力な力をもった指揮官国家

自由とは新たな計画を実行すること、創造することの自由でもあります。わたしたちは強力な力をもった国家、指揮官国家を望んでいます。

それは手段においては現代化し回復される国家に、決定においては尊重される国家になるでしょう。

全能で神出鬼没の国家を構想しようというのではありません、そうではなく保護する国家、正しいバランスを保証する国家、好ましい経済環境を作り出すために各人に機会の平等を保証するような国家です。

これが、独立事業者の「連続殺人犯《シリアルキラー》」であるＲＳＩ〔独立事業者社会保障〕の完全な改革です。

こうした起業家たちのエネルギーの解放は、零細企業や中小企業への課税減税、不当な競争、行政手続きの簡素化、司法上の安全、〔社会保障の雇用主〕負担の軽減、産業活性化計画、そしてエネルギー政策の大方針を通じて行われます。

雇用を生み出すのは企業、とりわけ中小企業であるということをわたしたちは意識しています。

中小企業によって、研究、イノベーション、技術移転、輸出を奨励することを通じた賢い結合作用《シナジー》によって、持続可能な雇用創出によって、わたしたちは失業と戦うのです。

最後に、この自由の革命は、わたしたちの集団的自由の革命です。この自由は、国家にとっては主権と呼ばれ、具体的に民衆にとっては自分自身について決める自由と呼ばれます。

主権を求めるこの闘いが、第一の、主要な、本質的な、枢要なものであることを意識してください。これが残りのすべての条件となるのです。

主権なしには、保護は不可能であり、政策実行も不可能です。

主権なしには、計画は偽りの約束と化します。

わたしの敵対陣営は国境を管理し、自国領土の法治状態を取り戻し、移民を妨げ、不当な競争と戦う、などと主張しています。

彼らはみなさんを欺いています。

これらの問題についての決定者である欧州連合という首かせから自由になることを拒み、彼らは、ささいなものまで含むあらゆる方針転換を自らに禁じているのです。

## 欧州連合に留まるのか、離脱するのか

ところで、欧州連合が失敗に終わっているということは、皆の一致した見解です。欧州連合は一つも約束

を果たしませんでした。とりわけ繁栄と安全についてはそうです。さらに酷いことにはわたしたちを監督下に置き、わたしたちの首根っこを短い紐で縛り付けています。

わたしたちを鎖でつなぎ止めるが、機能せず、さらに酷いことにはこの機能不全がわたしたちを破滅させるシステムを前にして、一体誰が、無策に甘んじることができるでしょう。

それゆえ、もしわたしが当選したら、６ヶ月以内に欧州連合に留まるのか離脱するのかを問う国民投票を実施することを告知するつもりです。わたしはまた、この専制的なヨーロッパ主義のシステムとの再交渉を、わたしたちと同じ様に主権回復を望む多くのヨーロッパのパートナーと共に、始めるつもりです。このシステムは、現状ではもはやプロジェクトではなく、余談であり、いつの日か苦い思い出にでもなればいいと、わたしは期待しています。

目標は、６ヶ月以内にわたしたちの四つの主権を取り戻すことを可能にする妥協を見いだすことです。すなわち通貨の、経済の、立法の、領土の主権です。

もし欧州連合が屈しないのなら、わたしはフランス人に、この悪夢から脱却してふたたび自由になるための国民投票を呼びかけます。

同様の精神から、フランスが偉大であるのは、〔国々の〕独立と世界の〔諸勢力の〕均衡に賛同するフランス自らの声が〔世界に〕届く時のみであるとわたしたちは考えるので、わたしたちはＮＡＴＯ軍司令部からも脱退します。わたしたちは外交政策を国の利益の観点から見直し、軍事能力の再建によって、内政と外交に財源を与えます。

軍が、フランスの指導者たちの予算編成上の悪習における調整変数であることは、もうやめなければなりません。

ですので、わたしたちは、防衛費の最小限度を国内総生産の２％にすることを憲法に明記するつもりです。

わたしたちは気後れすることなく再軍備を行います。

わたしたちは自由なフランスを望んでいるのです！

わたしたちフランス人は、自由であることを、望んでいるのです！

親愛なる友のみなさん、おわかりでしょう。課題は山積しています。

わたしの約束は、５年でフランスを立て直すことです。実際的には、これはわたしたちの生活のあらゆる場面に関係してきます。
・経済の立て直し
・学校教育の立て直し
・司法の立て直し
・外交の立て直し
・治安の立て直し
・連帯の立て直し
この実現のために、わたしたちはすべての人を必要としているのです。

## わたしたちを動かすのは、祖国を案ずる心

フランスへの愛をわたしたちと共有し、フランスを再建の軌道に載せることを望む人すべてを、わたしたちは諸手を上げて歓迎します。

古くからの右派左派の議論が活性化したのをわたしたちはみています。予備選によって明らかになったのは、世俗主義あるいは移民についての議論が、グローバリゼーションあるいは拡大する規制緩和についての議論と同様に、根本的で横断的な対立を形成しているということです。

この対立では、右と左は対立しません。愛国主義者がグローバル主義者と対立するのです。この大統領選では、わたしたちは愛国主義者陣営を代表しています。

わたしたちを動かすのは、金銭や個人的利益ではなく、祖国を案ずる心であり、世界についてのドライで現実離れをしたビジョンではなく、多様性と、諸々の民衆と、それぞれ固有の才能とに溢れた、多極的な世界です。

わたしたちは左右を問わずすべての愛国主義者に対して、わたしたちの仲間に加わるよう誘います。代議士であろうとたんなる市民であろうと、出身を問わず、これまでの政治への関わり《アンガージュマン》がどのようなものであったかを問わず、あなたがたの席は、わたしたちのとなりにあるのです。

愛国主義者よ、あなたがたを歓迎します！

伝統的政党の崩壊とその指導者たちのほとんど皆が、一人ひとり消えていったことが示していること、そ

れは政治の大規模な再編成が始まったということです。

第一回投票の選挙戦の途中でわたしたちに合流する人々とともに、第一回投票と第二回投票のあいだでわたしたちに合流する人々とともに、そして〔第二回投票での〕勝利ののちにわたしたちに合流する人々とともに、わたしたちは多数派に支持される大統領政権を形成するでしょう。そして総選挙ののちには、国民が一体となった政府を形成するでしょう。

わたしたちの勝利を、わたしは信じています。

わたしたちの選択と、人間と国民国家についてのわたしたちのビジョンを大多数のフランス人が共有しているということを知っているので、わたしはそれを信じています。

理性をもっていれば、フランスを、カースト制にとってしか幸福をもたらさないグローバリゼーションの実験用マウスにしたいと望む人は誰一人としていません。

他国の民衆は道を示しました。

ブレグジット〔英国の欧州連合離脱〕によって自由を選び、日々、成長の圧倒的健全さを喜ぶ英国国民。

レンツィ氏提唱の憲法を巡る国民投票の際に非難を浴びせたイタリア国民。

ふたたびユーロ圏からの離脱を検討するであろうギリシア国民。

大統領選第一回投票ですべての伝統的政党を退けたオーストリア国民。

国益を選択したアメリカ国民。

少数の支配に反対する民衆の目覚めが一つの現実となりうることを、わたしたちの〔党のロゴに描かれた〕美しい青いバラが象徴するように、不可能が可能になることを、これらの国民は示したのです。

ドナルド・トランプのような大統領たちが、同盟システムに反して選ばれたということ、そしてなにより彼らが約束を守り、自国民の利益のために、自国の民衆の願いに沿って、素早く力強く行動しているということが可能なように。

親愛なる友である皆さん、おわかりでしょう。ヴィクトル・ユゴーがフランスの〔普仏戦争〕敗北後に書いた『恐ろしき年』で表明しているように「わたしたちはフランス人であることをまだ止めていないのだ!」。この民衆の目覚めは歴史的です。それは一つの時代の終わりを画します。歴史はその風向きを変えたのです。歴史の風はわたしたちを頂上へと運ぶでしょう。そしてわたしたちとともに、わたしたちの国、フランスをも。

民衆万歳!

共和国万歳!

フランス万歳!

第3章

# フランスの外交政策

（2017年2月23日 パリ）

大臣の皆様。

大使の皆様。

お集りの皆様。


今晩、わたしは世界におけるフランスについてお話しいたします。

そうであるところの世界における、そうであるところのフランスと、そうありたいフランスについて。

フランスの地位、フランスの占めるべき地位について皆様にお話しいたします。

かつてフランスのものであった役割について、わたしがフランスに回復したい役割についても。

国際関係、平和、そして安全の分野においてわたしが行いたい政策について、みなさまにお話しします。

この危険な世界において、諸国民《ナシオン》間の対話を再建し、高まる緊張を解き、破壊的な帰結を招きかねない戦争を予防するために、フランスはみずからの役割を十分に果たさねばなりません。

この意味において、フランスは、フランスの歴史、独立、威光が示唆し、かつフランスが自ら受け入れる義務のある、指導的役割を担うべきです。

そしてわたしは、わたしの目には本質的と映るものについてお話しします。それは、フランスだから、わたしたちがフランス人だから、フランスが世界にもたらさねばならないものです。

わたしが願う世界ではなく、ありのままの世界。わたしが願うフランスではなく、ありのままのフランス。

これがすべての出発点です。

現実が身にまとう言葉、観念、言説は、現実に働きかける人々すべてにのしかかる事実を、無視したいと思えば思うほど容赦なくのしかかってくる事実を、少しも変えることはありません。現実を否定すれば、その代償は高くつきます。

フランスの弱体化と世界におけるフランスの地位の衰退はともに、現実を認めないから生じたのです。現実を認めずその代わりにでてきたのが、月並みな考え、偽の感情、ご都合主義的な道徳主義です。

**わたしは内に閉じこもるのを拒みます。同調を拒みます。**

だから、**フランス外交の第一の軸は、世界の現実と再び関係を結び直すことになるのです。**

## 政界は移民問題を、単なる同情のポーズで片付けようとする

現実と関係を結び直すこと、それはまた、わたしたちが直面している根本的な変容を視野におさめるため、成長することでもあります。

政界が移民問題の分析を、単なる同情のポーズで片付けようとする今、わたしは言います。これら人々の大移動のなかに、重大な地政学的問題群が、さらにはある種のケースでは、世界の均衡と平和にとっての脅威が存在しているのを見ないのは、無責任というものです。

これらの人の移動の影響を受けない大陸など、一つもありません。無関心でいられる国など、一つもありません。

なぜなら、自国のエリートが国を脱出しているからであり、あるいは自国が、都市圏における地域人口が人間の良識を逸脱するほど大都市へと流出している事態の犠牲者となっているからであり、あるいは自国が、

移民の移動の通り道となり国の安定を崩しているからであり、あるいは、それに対峙する能力がいまだないのにむりやり世界の悲劇の管理人にさせられているからです。

## 率直な物言いは、敬意の印

### 理解し、行動するための知。

これが、フランスがもはや放棄した戦略論におけるフランスの存在感にとって、欠くべからざる条件であり、わたしが自分の政府に行うよう求めるつもりの平和、影響行使、そして国力に関する国家戦略の条件です。遅かれ早かれ、そして遅くなればなるほど痛みを伴って、現実〔を認めるという〕原則はつねにのしかかってくるのです。

国力についての幻想によって失敗や過失を認めなくてすんでしまう時には、こうした幻想は最悪の誤ちを引き起こします。イラク侵攻とイラク軍解体は、誤りでした。これは米軍の性急な撤退により増大したのです。シリアにおける穏健な「イスラム主義者と想定される者たち」への支援は誤りであったし、いまもそうです。これらの過失と誤りには共通の源泉があります。現在、現実に存在し、現実に働きかけている力、すなわち歴史、観念、イデオロギー、宗教、出自という力を、否定することです。

こうした評価上の誤りには深刻な原因があります。つまり、世界を善人と悪人の二つに分け、わたしたちの敵の敵を善人、すなわち同盟国とする見方です。

バシャール・アサド政権に対しては、異国のために戦うイスラム主義義勇軍を西洋諸国が支援するのをわたしたちは目撃しました。

ボリス・エリツィンの取り巻きと共犯で、シカゴ学派の冷静で切れ者の若きコンサルタントたちが、一九九〇年代に組織的に実行したロシア資源の略奪を、ロシア人は思い起こすべきではないでしょうか。イラク侵攻の責任を問う英国議会の報告書が、現実についての無知と現場についての無理解を第一原因として挙げているのを、どうして見ないでいることができるでしょうか。

これは外交分野で起こっているのです。事実はまた、揺るぎないものです。

**率直な物言いは、敬意の印です。**

たとえば、多数のヨーロッパ人の明らかな意志に反した、トルコのEU加盟プロセスの開始を取り巻く嘘の数々は、ヨーロッパ諸国の実際の見解に反する制度的なごまかしのおかげで締結されたカナダとの自由貿易協定の交渉を取り巻いた嘘と見せかけの数々と、同種のものなのです。

これが再び問題とされるのは避けられません。

わたしは、それをきっぱりと言う率直さを持ち合わせています。

それらすべてがフランスには見合いません。それらすべてがEUに裏切りの空気を漂わせています。それらすべてがとりわけ、偉大な国家に対して、この場合はトルコやカナダに対して、敬意に満ちたものではないのです。

わたしはほかの国々と同様、これらの国々とフランスとの間の国際関係の質を進歩させたいのです。この必要な進歩において率直さが果たす役割は大きなものになるでしょう。

世界の現実を尊重すること、それは**多様性において広がる世界を見ることであり、もはや通用しない西洋**

**中心主義のプリズムを通して世界を見ることではありません。**

諸国民《ププル》にはそれぞれ一つのアイデンティティがあります。一つの歴史、一つの文化があるのです。そして彼らはある時にある状況下で彼らが国益と見なすものを追求します。

これを嘆く人々がいます。わたしはこれを喜びます。

## 独自性の尊重が、力強い成長をうながす

さらに、歴史を慎重に分析すれば、諸国民の魂の一貫性が見えてきます。

それが明らかにするのは、諸国民が世紀を越えて同じ目的を追求していること、しばしば同じ政治的情熱が、その表現は変わり進展するとしても、彼らに宿っていることです。

こう言ったのは英国EU離脱《ブレグジット》の支持者ではありません。「ヨーロッパと大洋、二つの選択肢があるたびに、イギリスが選ぶのは大洋である」。それはウィンストン・チャーチルです！

その名目や名称は様々な政治体制のもとで変わりますが、諸国民の魂は常に再生するのです。変わることなく、この魂は物理的条件と対峙するのです。諸国民は常にありのままであり続ける情熱を、自分で運命を決める情熱を、自分で同盟国を選ぶ情熱を、自分たちの文化を伝承する情熱を見せます。

・イスラム教スンニ派の指導者としての歴史的役割を再度担うトルコを見てください。
・地域の大国としての容赦なき態度を見せているイランを見てください。

・遊牧民と定住民の間の古くからの軋轢が続くサヘルを見てください。
・数千年に亘る文化的アイデンティティを保つと同時に、近代化を成し遂げる素晴らしい経済発展によってインドがいかに実力を付けているかを見てください。

世界人口の6分の1を誇るこの国は、自身の存在を尊重することで力強い成長を維持しています。この例は深い考察を促すはずです。

連続性が、恒常性といってもいいでしょうが、長期的な歴史を特徴づけるものであること、そして、現在進行している歴史の意味を、それを取り巻く雑音のなかから見分けるためには、一歩身を引き、距離を取り、考察の場所を確保する必要があること、これを経験は証明しています。

世界の諸国民の独自性は、市場へとかならずや溶けさるわけではありません。予め計画された文化の平均化という大きな運動のなかで、世界の商品化が最終的には地方主義《パルティキュラリズム》に辿り着くと信じる人は、諸国民の魂の何たるかを知らないだけなのです。

さらに、これら独自性が大国による厳粛な宣言や脅しによって消え去ることは、決して、本当にないのです。わたしたちが正当な理由をもって愛着を抱くわたしたちの価値観は、アジア、アフリカ、あるいはロシア世界の価値観ではありません。

**カネや、影響力によって、さらには力ずくで彼らにこの価値観を押し付けようとしても、侮辱と怨恨に基づく暴力の火を付けることにしかなりません。**

金融リベラリズムとグローバリズムの嘘にも似た共産主義の幻想から脱出した諸国民《ププル》が、過去の期待に応じて落胆している、そのような世界をわたしたちは生きています。彼らはそこから脱出しようとしており、〈国民国家《ナシオン》〉Nation のなかに自分たちの利益を実現する手段を見いだしています。

わたしが我が国のために弁護する政治ビジョンは、一つの文化の国民国家《ナシオン》の存続というビジョンです。すなわち構成メンバーの出身がどこであれ、文化によって一体となった国民国家です。

わたしがフランスのために主張する独自文化への権利、この権利をあらゆる国民《ププル》に認めている以上、わたしは、世界が多文化であるという発想を、人間が文化的に多様であると承認することを、擁護することになります。

## わたしが望むのは、文化と自由の尊重

お分かりのように、わたしは、わたしの与り知るところではないフランスないし西洋モデルなるものを推進することを望んではいません。

**普遍的な価値を持つとされるなんらかのシステムの推進をわたしは望んでいません。まったく反対に、諸文化の尊重、諸国民《ププル》の自由の尊重をわたしは望んでいるのです。**

わたしがもっている確信はこうです。諸々の文化の豊富な多様性が生まれるのは、文明についてのこのようなビジョンからであること、そして世界についてのこうした発想が、フランスが世界になし得る最大の貢献であることです。

**フランスは諸〈国民国家《ナシオン》〉と諸民族《ププル》にそれぞれ平等に認められる尊厳を、尊重せねばなりません。フランスは彼らの侵害されないこと、独自性、主権を、自身の独自性を保護するのと同じ様に、保護するつもりです。**国〔民〕ごとの差異は数々の政治的情熱のうちもっとも普遍的なものです。非介入の、国家主権の、諸〈国民国家〉の政治的自由の推進は、真の普遍主義の道です。違いを尊重する普遍主義、諸々の文化と文明が作り上げる普遍主義です。この普遍主義は、文化が複数あるからこそ存在するのであり、グローバリゼーションは文化を、観光産業によりまがい物へと、あるいは金儲けのために模造品へと変容させています。

この論理においてわたしたちは、わたしたちの国の千年にわたる外交政策でありつづけたものと再び関係を結び直すつもりです。それは、大国の外交政策であり、これは他国に耳を傾けられ、尊重されていました。というのもそれ自体が他国を尊重する外交政策だったからです。その威信のおかげで、フランスは世界における一つの基準になっていたのです。

国家の指揮を執ることになった暁には、わたしは外交政策を二つの軸の上に据えたいと思います。すなわち、国益の保護を指針とする、独立と均衡です。

**独立が重要なのは、ブロックの論理は対立の精神に由来するからであり、**なんらかの同盟関係を拒否する世界は、フランスが多極的な世界の声を届けることを期待しているからです。

それぞれの状況において、この独立政策は、グローバルな戦略に、わたしたちが守り抜きその為に戦うものについての明確なビジョンに基づくでしょう。

わたしたちは主要な敵を認識し、名指すことができるでしょう。敵とはすなわち、侵すべからざるわたしたちの領土を、〈国民国家〉としてのアイデンティティを、フランス国民《プープル》の一体性を攻撃する者、自らの法、習慣、利益にわたしたちを服従させようとする者です。

わたしたちは、いったいどれくらい戦争のツケを払ってきたでしょう！

## 戦争よりひどいものがある

しかしわたしたちはまた、占領も経験しました、フランスの戦士たちが銃殺されるのを見ました、そして、死の収容所がどんなものだったかを知りました。

逆説的にも、わたしたちは、自分自身に、そして世界に、戦争よりひどいものがあるということを思い起こさせねばならないのです。

・それは国民の侮辱です。
・それは領土の侵犯です。
・それは自分のものではない法、原則、戦闘へとある国民が服従させられることです。

もし恥辱の時代が、侵略の時代が、隷従の時代が戻ってくるのだとすれば、フランスは立ち上がって、屈辱、侵攻、隷従を洗い流すのに十分な犠牲、十分残忍な闘い、十分全面的な抵抗はないと世界に言い渡す、最初の国となるべきです。

今日わたしは、みなさんの前で言います。フランスの独立とフランス人の自由を保障するために、高すぎる値段はなく、始めるにはあまりに恐るべき戦闘はないと。

この枠組みにおいては、フランスの政治はパリで決められ、いかなる同盟国も、いかなる条約も、いかなる同盟関係も、フランスの代わりにフランスの政治を決めることはない、これは明白です。

フランスは自身で自国領土の防衛を引き受け、自国領土の安全と国益を、市民を、誰にも頼らず守るために必要な正しい行動を起こすつもりであること、これも明白です。

いかなる手段、犠牲、武器も、フランスの独立が脅かされるなら過剰ではないということ、また核抑止力は、フランスを服従させると主張する者に対しフランスの独立を守るための役割を果たすということ、このこともまた明白にしておかなければなりません。

入手するときも手放すときも、フランスが保有するものに対し、あらゆる保全の手段を〔用いて〕、国境の内外で、わたしは警戒心を怠るつもりはありません。*

＊原文は文法的に不備のある文章。ルペンが読み上げた時もこの箇所で不自然なため息をついている。ここでは論の流れから可能な限り意図を汲み訳した。

国防費は、憲法により国民総生産の2％とし、3％を目指します。それは自律した国防に、そのうち核が占める部分の増大に、そして攻撃を仕掛けてくる敵の拠点たる国外の舞台へ仏軍を展開するのに見合うだけの水準とするためです。

## 不介入は、あらゆる国の正当な権利

わたしは冷静な決意をもってこう言います。

フランスが危険に陥る原因は、フランスの指導者の弱腰にしかありません。それ以外については、攻撃に応えるための、自国領土を安全にするための、そしてフランス人が世界のどこにいようと守るための手段を、わたしたちは有しています。

あとは、そうしようと望み、手段を手に取るだけです。

とりわけ、フランスの利益を脅かし、フランス人を脅すあるいは物理的にフランス人を攻撃してくるあらゆる組織や集団は、フランスの敵として扱われることを知らしめればそれで十分です。

**わたしが自国のために要求するこの独立の名は、他国にとっては不介入 non-ingérence と呼ばれます。すなわち、あらゆる国に認められている正当な権利なのです。**

**わたしたちのなかにはもはやない植民地時代のノスタルジーに由来する、〔他国を〕教化する外交と、わたしたちは袂を分かちます。**

**フランス外交の二つ目の柱は均衡です。**均衡とは、抑止力 contre-poid〔カウンターウェイト〕のことです。なぜならフランスは、なんらかの大国の一部となったり、なんらかの交戦状態に参加したり、なんらかの宗教的対立に加わるといった使命を持たないからです。

対話と平和のあらゆる手段を探ることを目指しながら、正しくしかし断固とした態度で臨むこと、慎重でありかつ傾聴すること、安心をもたらすために強力であること、わたしたちはこれらを義務にすると心に決めています。

**世界の諸国民《プープル》のまなざしのなかでは、フランスは「大いなる救いの」国民《ナシオン》であるという使命を持っています。それは圧制に苦しむ諸国民《プープル》に手を差し伸べる国民《ナシオン》であり、諸国民《プープル》の側に立って語りかける国民《ナシオン》であり、声なき人々を代弁できることであり、**強力で、偉大ななにかを担う国民《ナシオン》です。

フランスが偉大でなければならないとすれば、それは他国のためにでもあるのです。

わたしたちが国益に奉仕するのはこのようにしてです。国益こそわたしたちの政策の、それゆえ外交政策の、唯一の先導役です。

感情の政治はあまりにしばしば、行動の政治というよりも、当惑、反発の政治です。

わたしは恐怖と戦うでしょう。

恐怖により行動するようなことを、わたしは一度も受け入れたことはありません。フランスの政治が恐怖に捉えられるようなことをわたしは決して受け入れることはないでしょう。

恐怖を信頼に、フランス人すべての安全に、わたしは置き換えるつもりです。漠然とした祈りや、慌てふためいた身振りではなく、政策、行動、そして必要なら武器によって置き換えるのです。

ですから、フランスの政治は平和と、軍事力と、戦略的能力の印のもとに置かれるでしょう。

## 独立を守ることは、普遍的なものである

領土が侵されないこと、〈国民国家〉のアイデンティティ、そしてフランスの独立が、共有財産のうち最も貴重なものとして全フランス人に保証されるために、わたしはあらゆる手だてを尽くします。

こうして、フランス人は世界との平静な関係を保つことになり、それにより、フランス政府は行動の自由と効率のよさを獲得することでしょう。

最後に、正義と法の役割です。

緊張関係の高まりや、あちこちで、とりわけ地中海周辺で唸りをあげる戦争の第一の原因は、「場当たり的な善悪の判断」deux poids deux mesures、すなわち大国による法、国際機関、国家的組織の道具化にあります。

世界を管理せんとするかのサミットをみてください。そこに参加する首脳らは、世界人口の5分の1しか代表していないのです！

正義と法に関するフランスの要求は、フランスの特異性の一つを成しています。

これによりフランスは唯一無二であり、それゆえに普遍的となるのです。独立を守り、これを外交の決定的な点とすること、これはあらゆる国が望むこと volonté universelle〔普遍的な意志〕です。

これを実行すれば、国際関係——「国・際」（国同士の）——と国際社会という表現が本来もっていた意味を回復することができるでしょう。

第四共和制の座礁ののち、フランス外交に再びその力を与えたドゴール将軍の言葉によってわたしたちは、「国家は友をもたない、もつのは国益のみ」、ということを知っています。

**わたしたちが自国の国益を守ろうとするのと同様に、他国もまた自国を重視する権利があることを、わたしたちは認めます。**

たしかに比喩に富んでいるがやや冷淡なこの定式の意味では、わたしたちに友はいませんが、わたしたちは同盟諸国を要請します。それは歴史的な、それゆえ愛着のある絆、文化的な近さ、政治的ないし戦略的な一致によってわたしたちに自然と示される同盟諸国です。

わたしたちは国益の防衛を主張します。自国領土が侵されていないことを、食料自給に必要な自国農業を、家庭や産業活動に必要なエネルギーを、国防を、文化的言語的威光を、他国との同盟条約を、わたしたちは要求します。

わたしたちの生死にかかわる利益の防衛のためには、軍事介入もあり得ることは言うまでもありません。フランスあるいはフランス人の安全、領土が侵されていないことと政治の独立だけが、内政と同様に外交戦略を決定してゆくでしょう。

北アフリカや中東におけるあまり知られていない作戦と同様、アフリカにおける作戦は、毎週のように仏軍の優秀さ、仏兵士の忠誠心、指令の質の高さを証明しています。フランスに奉仕する彼ら兵士は、それぞれが別様に指揮されるのにふさわしく、共同の戦争の目的のためにはっきり示された敵に抗して戦うのにふさわしく、また、闘い、戦闘を開始し、時には、死ぬための理由について何の疑いを持たないことにふさわしい兵士たちです。

フランスが軍事介入し、わたしがそれを決定するのだとしたら、それは、正当性の点においていかなる疑いも持たれるべきではないし、目的についてはいかなる疑義も呈されるものではないこと、これにわたしはこだわります。これが、どんな影によっても勝利が汚されないための条件なのです。

なぜなら、**わたしの見るところ、自分のものではない戦争において、自分のものではない**、ときには平和維持や文民の保護といった宣言された目的のような、国連が決議したものに反する利益の名において、**フランスは戦争へと引きずり込まれた、あるいは自ら引きずり込まれるのを許したからです。**

## 政府の無策ぶりと国民へのごまかし

リビアへのフランスの介入は国連から委任された権限を逸脱し、国際的な輸出禁止を踏みにじり、「シリアの穏健派イスラム主義者」と想定される勢力に武器を引き渡してしまいました。この武器はすぐさまダエシュの軍備を増強し、おそらく、フランス人の命を奪ったのです。

長い間フランス語話者のエリートを保持し、少数派キリスト教徒を保護してきた国であるシリアで、フランス大使館を閉鎖したのは、誤り以上のものでした。シリアの公共機関との関係が維持されていたなら、どれだけ多くのフランスでの襲撃事件が避けられたでしょうか。外務省を支配した盲目のために、どれだけ多くのフランス人が命を落としたでしょうか。

これはフランスの政治ではありませんし、政治でさえありません。次のように問いを立てなければならないのです。責任は省庁にあるのか、国家元首自身が情報を正確に伝えられていなかったのか、どちらにしてもフランスの諜報機関を根本から改善し、任務を遂行するための手段を与えなければなりません。我が国の政治指導者らがフランスを他国の国益のために奉仕させたのか、いずれにせよ彼らはフランスの安全とフランス人の生命に反する、外国の国益に奉仕したのです。裏切りも甚だしいというものです。アフガニスタンからリビアまで、セルビアからウクライナまで、戦略上の空虚さがわたしたちの第一の敵なのです。

リビアの人々が経験している悲劇を、誰もが推し量ります。サヘルでは、そして武器や任務を探すリビアの傭兵がうごめくこのアフリカ全体では、なにが明日起こるだろうかと、誰もが疑います。リビアという差し錠がサハラ以南の難民の流れからヨーロッパをどれほど守っていたのか、誰もが知っています。フランスと英国の介入の本質について、主要な敵について、そして正当でもなくフランスの国益にとって適切でもない政権交替の結果による戦略の完全な無策ぶりについて、プロパガンダがいかに人々を騙してきたのか、誰もが推測できます。

シリアでは同じ過ちがかろうじて避けられました。それは生じてはならないことなのです。

武器の轟音によって世論の沈黙を求め、国外での戦争により内政の議論を逃げ交わすという誘惑に、わたしは屈することはないでしょう。

## わたしは武力で解決できるとは信じていない

フランス人に言わなければなりません。この10年間、フランスは好戦的でした。フランスは、政治、宗教、民族といったあらゆる単純な解決を拒む複雑な問題を、戦争によって解決できると信じていました。

わたしは、武力に訴えることであらゆる議論に終止符を打ち、あらゆる問題を解決できると信じている人間ではありません。

武器の誘惑は弱い人間の過ちですが、フランスはあまりにしばしばこの誘惑に屈してきました。

フランスには国民《ナシオナル》の政治がありません。国益とリスクに見合った戦略を有していません。フランスはそれを武力で置き換えようとしたのです。

領土が侵食されていないこと《アンテグリテ》と〈国民国家〉としての一体性を守る責任を引き受けている、フランスを統治する人々の失敗を忘れさせるために、フランスの兵士は戦ったのです。

わたしはそこに、戦略の分野に広がる混沌の結果を見ています。それは、自身の名において敵を名指すことができないほどであり、アフリカにおける部族対立という現実を歪めるほどであり、また西洋陣営の幻想と、利潤を正当化するための敵を探している軍事金融複合体の現実のためにフランスの戦略的独立が犠牲にされているほどです。

**脱国民化《デナシオナリゼ》したエリートによって蔓延する知的精神的武装解除が、わたしたちの最悪の敵です。**

繰り返します、歴史の意味とは、諸々の国民国家 Etats-Nations の意味であり、わたしたちは到来しつつある歴史を体現しているのですが、諸々の国民国家はグローバル主義の幻想により、二〇世紀で立ち止まってしまったのです。

**わたしにとっては、フランスの政治にとって重要な七つの要素が存在しています。それは長期的歴史の観察と現在の現実が示唆するものです。**

これらの要素はわたしたちにとって重要です。

わたしは、これらを望んでいるわけではありません、フランスがそこに順応していたり、満足しているというわけでもありません。わたしが言っているのは、現実はそうなっているということであり、この現状認識が効率よく現実的な国の政治全体にとって決定的な点である、ということです。

**一・わたしたちは国民国家 Etats-Nation の世界を生きています。**これは、伝統的な形態としては1970年代に成し遂げられた脱植民地化と、まずは独立国家共同体によって、次いで中欧、中央アジア、バルカン半島諸国によって取って代わられたソビエト帝国の解体、という二つの運動の帰結です。

国連に議席をもつ国の数はかつてなく増えています、そして今後数年間でさらに増えるかもしれません。世界では自身の国、自身の通貨、自身の法律を獲得するために戦い、苦しみ、死んでゆく民族《ププル》が数多くいます。わたしたち以前には、どれほど多くのフランス人が国、通貨、国旗、法律を獲得するために戦い、苦しみ、死んだのか、忘れてはなりません！

もちろん、世界のあらゆる地域では、支配的な大国のあるところ、時に大国は隣国から独立状態を奪ったり、植民地にするという誘惑に駆られるものです。

もちろん世界を支配する力は、権利上平等な諸〈国民国家〉の主権という原理、論理を別の原理、論理と取り替えようと望み、この原理に基づいた諸機関を破壊し、自分で支配できるあるいは自分の法を押し付けられる組織をそれに取って代えようと力を尽くします。

もちろん、NGO、財団、基金、非国家的なその他の組織は、国境を越えて、自分たち自身の利益を追求するのです、あるいは彼らの背後に隠れているのは国家の利益なのかもしれません。

もちろん、グローバリゼーションが乗り越えられるとすれば、それは過去に戻るためではなく、別のものへと向かうためです。

## 国家が指揮を執る現実に変わりはない

しかしそうは言っても、そう望めば、国家が主人となり、国民国家《ナシオン》が指揮を執るという現実には変わりはありません。

金融がその過剰な力を得ることができるのは、国民《プブル》が諦め、事業銀行家となることにご満悦の代議士が国民を裏切ることによってのみです！

この21世紀の初めに、国民的情熱が動き始めています。そしてもはや誰も１９９０年代のくだらない話、地球民主主義、世界政府、諸々の法の画一化、国家の消滅、さらには国境の消滅などをしようとは思いません。わたしがそれを喜んでいると言うのをお望みでしょうか。

権利上平等な諸〈国民国家〉の尊重なしに、西洋あるいは西洋であると名乗るものの態度をあまりにしばしば特徴づける「場当たり的な善悪の判断」を放棄することなしに、国際社会など存在することができるでしょうか。

ソ連の平和裏な解体の際に生まれた希望は、現実と化すことはありませんでした。

法律というものは、立派な原則と崇高な感情を隠れ蓑に拡散浸透すれば、なおさら危険となりますが、たとえあらたな形態の植民地化と服従の手段ではない時でも、あまりにしばしば、最も容赦なきパワーバランスの隠れ蓑となっているのです。

**諸〈国民国家〉の多様性と、各国の正当な国益の、公然の共存が、権利上の平等と相互の尊重に基づいた交渉と協調を通じて持続可能な平和を構築できるよう、わたしは、国際機関や国際的な舞台でフランスに断固とした行動を取らせます。**

諸国民国家《ナシオン》の権利上の平等に基づいた、彼らの恒常的協調に基づいた、それぞれの独立の尊重に基づいた、また同様に、経済的自由とりわけ通商の自由よりも社会の進歩、十分な雇用、貧困の減少を優先させ、1948年に締結されたもののいまや忘れられたハバナ協定の諸原則にも基づいて、フランスを多極的な世界に奉仕させます。

わたしはそこに、環境の安全と人類の共有財産の保護を付け加えます。

人権と市民権が十全に意味をもつのは、平和で、信頼のできる、落ち着いた社会においてのみです。こうした社会自身も、諸権利を持っており、それが環境に関するものであれ、司法に関するものであれ、金融あるいは道徳に関するものであれ、外部の攻撃に対してそうした諸権利を主張できなければなりません。

環境、政治、宗教の安全分野における諸国民《ププル》の権利の政治によって、とりわけ信仰、政体、市民権、国境管理、そして市民運動の領域において諸国民が自身でそうした権利を自由に行使できると認めることによって、人権の政治を深め豊かにするための断固たる行動の手段を、フランスが検討することをわたしは望んでいます。

## 欧州連合はヨーロッパのアイデンティティを失わせる

**二．はっきりと言いますが、欧州ではない欧州連合は、**歴史の流れに逆行しています。

欧州連合は、フランスを世界に対して遅れた国にしています。

欧州連合は、国民国家 Etats-Nations を終わりにするなどと主張しています。前面に出て自己主張していますが、欧州連合は蚊帳の外に置かれ、世界から打ち捨てられています。１９９０年代のどこかで欧州連合は止まってしまったのです。

あらゆる場所で素朴なグローバリゼーションは撃ち破られています。あらゆる場所で個人の社会は国民的選好のために後退しています。あらゆる場所で勝利しているのは経済的愛国主義です。あらゆる場所で正当な保護の必要が、国境の復活を呼びかけているのです！

欧州連合はヨーロッパにおいてグローバリゼーションを予兆していたに違いありません。幸福なグローバリゼーションの終焉は、欧州連合を、明日なきイデオロギー的構築物の博物館へと払い下げています、というのもヨーロッパの諸国民《ププル》はグローバル主義的退廃に反対するからです。

ヨーロッパの諸国民が、自分たちのアイデンティティ、独自性を決して諦めようとしないことは、きわめて正しいのです。彼らはすでにあまりに高い代償を支払っているのです！

圧倒的なソ連の力に対して二世代のあいだ持ちこたえてきた東欧の人々がわたしたちに教えるのは、自分自身であり続けるということは、知と技と信念のもっとも美しい課題だということです。

この教訓は失われてはいません！

諸国民は政治的自由を、意味不明な頭文字の、何の権限を持つのかよくわからない、しかし英語を話す国際機関の手に預けなければならなかったのです。しかし、彼らはこの自由を取り戻しつつあります。

**欧州連合に反対し、ヨーロッパに賛成するヨーロッパ諸国民の再生を、わたしは喜びます！**

自分だけが自分にとって良いことがなにかを決められるということに、上からあるいはよそから彼らに到来し、彼ら抜きにさらには彼らに反して彼らによいことをするなどと主張するものは、結局のところ、彼らを破壊するのだということに、ヨーロッパ諸国民は気づいているのです。

世界貿易機構の失敗を、主要20ヶ国首脳会議の空虚さを、欧州連合が喚起するヨーロッパ観念の解体を見てください！

ヨーロッパでも、「連合」という、現実には諸国民と諸国家によるただ一つのヨーロッパと同様、フランスをも破壊する融合の試みを、終わりにする時なのです。

ヨーロッパが生きるためには、「欧州連合」という名を冠しているこの人工的構築物を終わりにしなければならないのです。

独立し、現状のままであり続けようとする国家同士の協力的で共建設的なあらたな関係を出現させ、勝利させるために、それ自体として官僚機構的な怪物を終わりにしなければなりません。そうすることは、いまだ発明が待たれる普遍と特殊の平和的な結合を行う政治的秩序の前衛へと、ヨーロッパを変貌させることなのです。

英国と同様フランスにも、欧州連合は、歴史と力が両国に引き受けを命じていた国際的地位から降りさせたのです。

**フランス語圏諸国からフランスを切り離すために、歴史、言語、文化によって、特別で、時に情熱的な、常に豊かな絆が結ばれた国々からフランスを分離するために、欧州連合は断固たる仕方で活動してきました。**

〔欧州〕連合はフランスを縮減させています。フランスを世界から切り離しています。縮減され、依存し、分離されたフランスを見るための決心など、わたしはしません。

フランスの場合、インド洋と同様太平洋においても、北極圏南極圏と同様大西洋においても存在感を保たせるほどの戦略的深みを持つ国は、欧州連合内にはフランスを置いてほかにいません。

フランスができたのと同様な国外軍事作戦を単独で行うことを検討できる国は、欧州連合内にはフランスを置いてほかにいません。

そしてフランスは米国、中国、ロシアとともに、自力で原子力空母および潜水艦を建造できる世界の四つの大国の一つです。

国外作戦と同様国内の治安の面で、財政および社会保障政策と同様移民の管理の面で、欧州連合は解決をもたらさず、むしろ問題となっています。

## もう一つのヨーロッパを建設する

この破綻しているヨーロッパの発想は、メルケル首相によって理解しがたき頑迷とともに担われています。

彼女はわたしたちに、プロシアの不安を催す意欲と対峙したルイ15世統治下の１７５７年のフランスと同様、〔フランスが長年敵対したオーストリアとの同盟関係を結んだ〕「同盟革命」を行うよう強いているのです。具体的に選択肢は二つです。イデオロギー的にも経済的にもヘゲモニーを握るドイツによって主導された欧州連合が交渉に応じるのか、それとも他の自由なヨーロッパ諸国とともにフランスが大ヨーロッパ大陸を一つにまとめるための別の道を見つけるかのどちらかです。

メルケル氏、〔元欧州議会議長で、2017年1月にドイツの次期首相に社会民主党候補として立候補を表明したマーティン・〕シュルツ氏あるいは、正当性なき委員会が望もうが望むまいが、わたしたちはもう一つのヨーロッパを建設するのです。いわゆる「欧州」連合の前に存在した、そしてその後に存在するだろうヨーロッパを、「自由な国々《ナシオン》のヨーロッパ」、諸国民《プブル》のヨーロッパを。

現代を特徴づける数々の形と象徴を世界に与えたヨーロッパを！

まさにこういった理由で、フランスの政府にわたしが託すだろう最初の使命は、欧州条約を一旦白紙に戻すこと、フランスを自由な諸〈国民国家〉によるヨーロッパの建設に断固として従事させることなのです。自律した国防能力を保持する、ヨーロッパ大陸唯一の大国である以上、ヨーロッパ大陸において戦略上の優越性を有している以上、合衆国およびロシアと共同の安全保障上の主導権を、良好な関係の、戦略的隣人関係の、率直な協働の精神で握らなければならないのです。

一般的に言って、フランスが主権を放棄しなければならないような拘束力のあるいかなる約束も、取り消すことが不可能であると考えられるいかなる約束も、存在しません。

国民《プブル》の意志によって委任され、共有され、あるいは提出されたものは、国民の手に取り戻すことができるのです。

わたしたちのヨーロッパは、委員会のヨーロッパではなく、自由な国民《ピープル》のヨーロッパなのです。

## アメリカ合衆国の過熱と過剰

**三．合衆国**、それは〈国民国家〉のすべてを持っており、それ以上のものになるという誘惑を持つかもしれない、必要不可欠な〈国民国家〉です。合衆国は、長期的にみれば議論の余地なき同盟国であり同時に、ときには、こういわねばなりません、ほとんど敵対国《ライバル》でもあります。

共産主義に打ち勝ったという思い、自分と並ぶものがいないと思いたい誘惑、そして時には限界という観念の拒否が、過去には合衆国を、戦略上の過熱に、軍事力によって表現される過剰な不安に至らせました。バラク・オバマが約束した戦略上の進展が結局は終止符を打たなかったこの過熱・過剰は、同盟国、友好国そして、世界平和を愛する〈国民国家〉としてのわたしたちを、不安にさせました。

こうした戦略的冒険主義によって合衆国は、わたしたちが国益とみなすものに攻撃を加えるところまで至りました。すなわち、イラク、シリア、リビアの破壊であり、それにより数百万もの移民の波が押し寄せ、地中海における不均衡が生まれました。具体的にはイスラム主義民兵との危険な駆け引き、地中海におけるロシアの存在感の強化、トルコの動揺です。

ドナルド・トランプ大統領の当選によってわたしたちは、大規模な方向転換を、世界だけでなく合衆国にも同様に役立つ、ソフトウェアの交換といってよいものを期待しています。

彼の現実主義と変化への意欲に、わたしは敬意を表します。

自国の同盟国を服従させるという馬鹿げた考えを、アメリカが捨て去ることをわたしは願っています。この論理を認め、長続きさせるならば、わたしたちのように偉大な国家であるアメリカにとって、国としての独立という観念を放棄することになるでしょう。それはまた、そしてさらに、残りの世界から切り離されることになるでしょう。その世界とは、西洋諸国ブロックの権威と正当性が残念ながら大きく減少した、2007〜2008年の〔サブプライム〕危機、9・11、イラク、リビア、シリア侵攻以来の世界です。大統領自身の声によって自国利益の防衛第一を打ち出したことで、わたしたちは合衆国を非難するつもりはありません。それは自然で、正当で、率直に発言するに値することです。

**わたしたちはこの原則を知っていますし、認めました。なぜならわたしたちはそれをフランスのために促進しているからであり、世界の諸国民のために明言しているからです。**フランスの国益がわたしたちに命ずるのは単に、自身の国益の保護に注意深くあれということです。それが重要なときには要求をすることもあるけれど、つねにわたしたちのパートナーと同盟国とともに、正しく持続可能な解決を見つけるよう配慮することです。

## アメリカとの軍事協定と、NATO離脱

以上わたしが列挙した一致点は、将来合衆国と交渉しなければならないであろう、通商上あるいは外交上の公正な規制の方途を探るうえで、わたしたちに有利な条件を与えるものであることを、わたしは確信しています。

**わたしたちは、アメリカ国民《プブル》と、**時に不器用で、わたしたちの国益に対しては時々無関心さらには敵対的でもある**アメリカの国政を混同したことは一度もありません。**

しかし、フランス国民《プブル》の決める歴史と安全保障が、ごく自然に求めるこの同盟は、いかなる意味でも追随、戦略的依存、政治的服従ではないのです。

ですから、独立戦争以来、合衆国とわたしたちを結ぶ歴史的な絆は、**NATO軍司令部からの離脱**を禁ずるものではありません。

NATOは、フランスの産業を備品製造者の地位に貶め、フランスの武器を外国管理下の規格に従属させ、同盟、輸出禁止、そしてフランスの国益にも価値観にもない服従をフランスに命ずることで、フランスの戦略的自律を絶えず縮減しています。

フランス国防の戦略上の構成要素それぞれにおいて、とりわけ、核抑止力の分野においては、軍隊の独立が回復されることを、わたしは求めるつもりです。

このようなNATO加盟の見直しは、今日若干時代遅れとなったこの軍事協定の射程と必要性を相対化することが有用であると、合衆国新大統領自身が考えていることと合わせれば、なおのこと理解されます。

わたしたちのやり方には、挑戦や、敵対の印は全くありません。

フランスとアメリカ国民の間の根本的同盟関係において、これに意味と射程を与えるのはフランス〈国民《プブル》〉の自由なのです。

## ロシアをヨーロッパにつなぎとめる努力を

**四．ロシアはもはやソ連ではありません。ロシアは、グローバリゼーションに平和をもたらしうる勢力均衡の決定的要素の一つです。**

先の世界大戦でロシアは、多大な犠牲を払いました。２５００万人ものロシア人および帝国内の様々な国籍の国外滞在者による死が、わたしたちの〈自由〉に貢献しました。これほどの犠牲を払った国はありません。フランスはそのことを忘れないでしょう、仮に欧州連合がそうしろと命じたとしても。

ロシアは欧州連合にひどい扱いをされました、その支配下にあったフランスによってもひどい扱いを受けました。

フランスが外国からの圧力に屈し、〔移動式対空迎撃ミサイルの〕ミストラルのような種類のものの発射台や指令用設備を提供するのを拒んだ時、わたしたちは自分たちの約束が守られなかったことを嘆きました。しかも、これが実現したとしても、戦略上のバランスは変わらずウクライナにおける緊張状態が高まることは一切なかったと思われます。

ロシアは中東に再び足を踏み入れました。そこでは以来、ロシアが重要な対話相手となり、国際舞台で点数を稼いだのです。ヨーロッパとアジアのあいだの伝統的なシーソーゲームにロシアが誘惑されたとしたら危険でしょう。

**フランスは、ロシアをヨーロッパ大陸につなぎ止めるための努力をしなければなりません。なぜならそれ**

**が世界の秩序だからであり、とりわけヨーロッパ諸国の国益が問題となるからです。**

ペレストロイカ当時、ブッシュ大統領政権によりロシア大統領に対してなされた明確な約束だった、ロシアに関する西洋の約束は、クリントン政権によって裏切られました。とりわけ、ロシア周辺の核非武装緩衝地帯の尊重は守られませんでした。

欧州諸国の独立政策がなすのは、ロシアの安全を保障し、住民の生活条件を改善する手助けとなるという意味で、勢力均衡を機能させることのみです。

## アフリカとの特別な関係

**五．アフリカはフランスの外交政策の中心に位置しています。これについてお話しすることにわたしはこだわります。わたしはフランス大統領選候補のうち、それにこだわる唯一の候補です。**

なぜならまず、アフリカ諸国、サハラ以南アフリカ、マグレブ、あるいはマダガスカルといった国々は、我が国と特別な絆があるからです。この絆は、歴史の有為転変や、わたしたちとこれら諸国を隔てる独立の時代によって、少しも変わることはなかったのです。わたしはそのことを喜びます。

つづいて、なぜなら、アフリカとは、フランスの企業ゆえに、貿易ゆえに、通商市場ゆえに、わたしたちと共通の言語の共有ゆえに、フランスの伝統的パートナーであり続けている大陸だからです。

最後に、アフリカは、蛮行の増殖との戦いにあり、わたしたちとともに、テロの恐怖の被害を受けているからです。

アフリカがわたしたちを、決意を固くした、行動的な、もし必要なら、ちょうど今マリ、カメルーン、チャドのような国々がそうであるように、軍を派遣してくれる同盟国と見なすのは普通のことです。過去においてきわめてしばしばそうであったように、国同士の関係を説教じみた言説で飾り立てるようしむける、あまりにしばしばしば恩着せがましい政治から、わたしたちは断絶したいのです。

わたしたちはアフリカのパートナーたちにも非介入の原則を適用しますし、この非介入の原則はだからといって無関心を意味するわけではありません。

それを望む国には安定的な関係を保障する今日の実り豊かな関係を、わたしたちは、**正当な権力を行使できる安全**に置き換えるつもりです。

わたしたちは、率直な物言いに基づいた政治、相互的尊重、活発な協働を実現したいと望んでいます。

わたしたちは、フランスにおける大規模移民の波を終わらせなければならないでしょう、なぜなら、わたしたちの国は、財政規模の大きいこの重しに、もはや堪えることができないからです。

移民管理の実行は、つねに人間的で尊厳のある条件のなかでなされるでしょう。このフランスのあらたな政策は、移民の出身国との直接的な協調と緊密な連携によってなされるでしょう。

このあらたな政策は、貿易や旅行、さらにはわたしたちの諸国のどこかに定住することさえ終わりにするということを意味しないと、わたしは言っておきたいのです。

学業が終わったら祖国へと帰るという原則、これは彼らの出身国にとっても国益となるのですが、これを受け入れるかぎり、アフリカの学生たちは歓迎されるでしょう。

アフリカとフランスの起業家たちは、技術、金融、通商上の交易を深めるよう奨励されるでしょう。

アフリカに出自をもつフランス人は完全なフランス人であり、そうとして見なされ、この資格において、フランス国籍保持者に対してフランス国内で認められた、雇用や住宅への国民第一の権利を享受するのです。フランスに滞在するアフリカ諸国の人々は、フランス人やフランスの外国人と同様の資格で法的、身体的な保護が受けられることがわかるでしょう。

アフリカの発展に随伴するため、わたしたちは、協力のための省を再び設け、そこに、小学校、農業発展、そして国防を優先項目とする大方針に必要な財源を投下するでしょう。

## 過剰な権力は国家の司法にとって代わる

わたしが展開したい六つ目のテーマは、非物質的だけれども国際関係に属する空間に関わります。実際わたしは、これまで論じてきた五つの要素に加えて重要なポイントを付け加えたいと思います。それはその重要さからいって、他の五つを上回ります。すなわち、フランスの独立もまたそこで役割を果たします。それはおそらくとりわけ、国家間の古典的な関係ではもはやない現場でその役割を果たすのです。

過剰な権力とは、金融的であり、デジタルであり、ヴァーチャルです。

こうした介入の領域は、例えば、国際的で私設の法廷の創設に関わります。こうした法廷は、貿易の自由という口実の元に、国家の司法に取って代わるという使命を担っています。

司法戦争、宗教戦争、経済戦争、生物の戦争、システムとアルゴリズムの戦争、これらすべての抽象的権力の領域は、しかし具体的な結果として、外交から逃れるのですが、それらはわたしたちの外交政策から逃れるべきではありません。

それらは、ロシアや中国、インドと同様合衆国がこれまでの10年の間に異論の余地なく点数を稼いできた領域なのです。

わたしたちは、無知によって、素朴さによって、あるいは無能によって損をしてはなりません。それはわたしたちが、食料規格の領域で、生物の特許取得可能性の領域で、個人データの領域で、あるいは会計規則の領域で、司法の規格適合性の領域で、そして金融システムの領域であまりに多くしてきたことなのです。

行動を起こすことができ、そうしたかった国々を欧州連合は麻痺させました。しかしそれら国々は戦略上の同じ地平も、同種の近親性も共有しておらず、次々と無力化されていったのです。

その結果、28ヶ国あって、欧州連合は15カ国よりも弱く、その罠に掛かった大国のうちの一つよりも決断力に乏しいのです。

それ以外のものと同様、外交とはイメージの力に弱いのです。世界が自身で展開する恒常的で、普遍的で、瞬間的な見世物《スペクタクル》によって作られる集団的意識の激変をわたしたちは推し量らねばなりません。

アレッポへの爆撃、新疆〔ウイグル自治区〕の洪水、バーモント州のプールに現れた熊や、またオーストラリアで座礁したクジラも、わたしたちはあらゆる場所で、あらゆる時に、それが何であろうとも、すべてを見ている、あるいは見ることができるのです。

## フランスには世界的な外交ネットワークがある

映像や言葉が拡散すると、感情は抗しがたいものになります。拡散はあらゆる情報操作を可能にし、それにより集団討論や、国としての優先事項やフランスの選択についての断言は、今までになく必要となります。すべてを見ることは、すべてを知ることではありません。そのためには多くのことが必要となります。知り、理解し、臨機応変に行動するためには、世界との、そしてわたしたち自身との関係の面での革新が必要です。フランスの国益とフランス人の選択に基づいた、革新的で、参加型で、開かれた外交を構築するように、わたしはフランス政府に求めるでしょう。

その結果、すべてのフランスの男女が自分自身を世界におけるフランス大使であると、彼、彼女がどこへ行こうがあらゆる場所でフランスのイメージを自身で担う世界におけるフランスの代表であると、感じるのです。

フランスをよりよく代表するのはフランス人を置いてほかにいません。

そのためには、情報を伝え、説明し、相談し、討論し、そして行動せねばならないのです。外交ネットワークの、情報や影響力の規模を測り直すことが必要です。それは、とりわけあらたな勢力の、緊張の、分断の領域上に外交ネットワークをさらに展開するためには必要なのです。

経済的、文化的世界との関係を結び直すことによって、わたしたちは、現代にふさわしい外交を、すなわち国際的な影響、協力、交渉という範囲全体に渡って活発な外交を、経済、法、環境、文化、人道に関わる外交を行うことができるでしょう。

わたしたちの願望を実現する諸々の手段をわたしたちは有しています。わたしたちはそれらを起動し、**グローバルな戦略の枠組み**においてそれらを連携させなければならないでしょう。

ブレグジットを実現した英国が政治的自由の模範をわたしたちに示しています。

あらゆるところから異議を突きつけられている欧州連合が、今後確実に崩壊する以上、少なくともイタリアが確実に離脱しユーロ圏の破綻が計画されている以上、フランスには予測し、行動する手段があります。

フランスは被害を受けるということを強いられているわけではありません。

フランスは、本当に世界規模の外交ネットワークと諜報手段を擁する、世界でも非常に数少ない国の一つです。

この、知り、理解し、行動する能力を、わたしたちは現代化し、再び展開し、起動しなければなりません。

短期的視点でのやりくりに終始する政治は、わたしたちに、様々な任務を終わらせ、フランスの存在感を減少させ、近さが果たす役割を放棄させました。

かつてソ連共産党という大建造物について知っていたよりも、今日のロシアの権力システムについて、わたしたちの知るところは少ないのです！

数世紀にわたる歴史、対立、そして複雑化したが変わらない隣接関係にもかかわらず、サラフィー主義の台頭やシーア派とスンナ派の紛争激化を前に、わたしたちは事情に通じた諜報能力を発揮していません。

フランスの学術的手段と情報収集手段は縮減させられました、そしてフランス外交の遺産自体も台無しにされました。わたしはそれを回復させます。

## 世界におけるフランスを、国民が意識するように

フランスの安全、フランスの影響力、フランスの国力は、もはや王宮の、アジトの、大使館のなかにいる誰かの問題ではありません。

それは皆にとっての問題です。昔はそうであったのです。再びそうならねばなりません。

**最終的にはフランス人を、フランスが行う国際的行動に結びつけなければなりません。**

世界の現状についてフランスがもっている見解をフランス人に共有させること、フランスが追求している目標にむけてフランス人を結集させること、彼らすべてを、外交官や兵士と同様に、市民、投資家、起業家を、フランスが目標を達成するために、フランス人の自由を守るために行う行動のために動員することが、大統領の任務に含まれているとわたしは考えます。

この任務は長い間果たされてきませんでした。

フランス人に説明すべきフランスの政治や、彼らと共有すべき国際戦略はこれまであったでしょうか？年に二回、もしくはわたしが選ぶ機会に、わたしは、世界におけるフランスの政治を、〔政策によって〕得られた結果を、追い求められている目標を、フランス人に説明します。

フランスには国益があり、原則があります。そしてフランスの政治は国際関係のグローバルな戦略に従っています。これを言わなければ、知らしめなければなりません。とりわけ、フランス人が分析と確信に必要な同じ材料を共有するようにしなければなりません。

フランス人が賛同することが、わたしがフランスとフランス人すべてのために行おうとしている政治の成功の条件なのです。

## フランスは探検家の国だった

フランス人は世界の探検家の人々に属していました。フランス人が探訪、調査、開拓しフランスに〔その知見を〕もたらさなかった港、奥地、砂漠、失われた島、奥深いジャングルはありません。

フランスは世界のあらゆる大洋でその存在感を発揮しています。そして、フランスのもっとも長い地上の国境線は、ブラジルと〔仏領南米〕ガイアナの南部の国境だということをどれだけのフランス人が知っているでしょうか。

ブラジルが国のスローガンを、あるフランス人に、オーギュスト・コントに負っていることを、どれだけのフランス人が知っているでしょうか。

〔モロッコ総督などを務めた〕リヨテ〔元帥〕の追憶のために、多くのモロッコ人を捉えた尊敬の感情をどれほどのフランス人が体験しているでしょうか。

フランツ・ファノンの叫び、レオポルド・セダル・サンゴールの詩歌、あるいは〔途上国経済の専門家〕ルネ・デュモンの警鐘が、アフリカに残している痕跡をどれだけのフランス人が辿れるでしょうか。

そして国連のブトロス・ブトロス＝ガーリ事務総長の言葉「世界のあらゆるところで、フランス語は同盟に列しない人々の言語である」を、どれだけ多くのフランス人が覚えているでしょうか。

世界はフランス人の冒険でした、フランス人すべての冒険でした。なぜならそれがフランスだったから、それがフランス人だったからです。

## フランスは世界を再び発見しなければならない

わたしがこれから引き合いに出す名前や名称には驚かれるかもしれません。それは、フランスを偉大にし、愛され、選ばれるようにしたすべてを、わたしがフランスから取っているということです。クロード・レヴィ＝ストロースからオーギュスト・コントまで。〔スエズ運河を開通させた〕フェルディナン・ド・レセップスから国境なき医師団まで、パスツールから〔ノーベル経済学賞受賞者〕モーリス・アレーまで、世界においてそして世界のためにフランスを偉大にした人たちのなかで、フランスを世界にもたらした人たちのなかで誰かを選ぶことはわたしにはできません。

彼らがフランスの名において働き、創造し、発明したのは、彼らが世界にとってのフランスの一コマだったのは、彼らがわたしたちと同じフランス人だからです。彼らの出自、政治的見解、社会的活動は重要ではありません。彼らはわたしたちの祖国、フランスを大きくしたのです。これが、わたしが覚えておきたいことのすべてです。

フランスの友愛、偉大さ、寛容は、これでもあるのです！

彼らの存在から、そして彼らがなし得ることから、わたしがフランスの誇りをフランス人に取り戻させるのは、わたしがあらゆるフランス人愛国者の遺産の全体を、自分のものとして主張しているからです。

フランスは、人を落胆させてはなりません。フランスは諦めてはなりません。**フランスは再び世界を発見し、愛国主義、国民の独自性、そして政治的自由という唯一の本当の普遍主義と再び関係を結び直さねばなりません。**

フランス人はこの豊かさを見失いました、なぜなら彼らはプロパガンダが長い間突きつけてきたものを信じてしまったからです。

もし世界が平板であれば、なぜそれを理解しようとするのでしょうか。

人間がみな似たような存在なら、どうして出会い、求めるのでしょうか、他者を。

世界が地球民主主義と専門家が組織する世界政府とを約束されているのなら、どうして歴史を学ぶのでしょうか。

出自、文化、宗教が、理解にとって何の意味もないのなら、どうして好奇心を抱くのでしょうか。

反撃する暴力、すでにイメージ、製品、通商の画一化に反撃する暴力をわたしは危惧します。こうした画一化に対してフランスは、あまりにしばしば、あまりに情熱的に立ち上がり、フランスのＡＯＣは、フランスの文化的例外はあまりにしばしば勝ってきたのです。

これら超金融自由主義の同盟者らが、強いられた多文化主義が、市場範囲の拡大が、絶対的個人主義が、そして絶大な画一性が実現している世界の制圧に抗して、あらゆる自由な〈国民国家〉とともに、あらゆる自由な国民《ププル》とともに、フランスは戦うことができるでしょう。

市民権が売られる時、法が競争の対象となるとき、売り買いされる物が、世界のどの言語においても値段をもたないものを終わりにすると主張するとき、暴力の季節が芽生えます。そして他者とわたしたちを成し、信頼と身内との安らぎを与える国境、分離、うっとりするような独自性が、過去常にそうであったように、落ち着いた世界の番人に再びなるのです。

## 政治的な季節が再来している

フランスの第一の豊かさはフランスであること、国境や、その国民《ナシオン》と同様、国の独自で強力な個性であることをフランス人は知っています。国境と個性は、ヨーロッパと世界におけるあらゆる自由な国民《ププル》の、第一の豊かさなのです。

わたしたちは幻滅、破られた夢の世界に生きています。

この感情が求めるものは単純です。プロパガンダや世間の感情の操作によって保たれている混乱が認めるものよりも単純です。**それは政治的なものの再来です。**

政治ということによってわたしが理解しているのは、諸国民《ププル》が自分の運命を自分で選ぶ自由です。国民の政治的自由がフランス人の第一の財産、わたしたちの一人ひとりにとって命よりも大切な、たぶんただ一つの財産です。ちょうどそれは世界のいたるところでも諸国民にとっての第一の財産であり、もっとも普遍的財産であるのと同様に。

脱植民地化を見てください！

諸々の帝国の終焉を、国民国家の勝利を見てください！

ブレグジットが、ドナルド・トランプの当選が、そして欧州を僭称しつつ欧州を苦しめる欧州連合に抗するヨーロッパの台頭が、どのように21世紀を諸国民の蜂起に扉を開いているのかを見てください！

政治的なものの再来という現在の運動は、いつも変わることのない趨勢の結果です。それは国益と自由の追求です。

それは単純なことです。なぜならそれは、団結し、誇りをもち、そのままの自分たちであろうと決意した諸国民にグローバリゼーションが行った攻撃、挑発、侮辱に対する不可避の結果だからです。

運動は単純です、その帰結は複雑です。

差異の蜂起、自由な諸国民の反乱は、始まったのです。

それは世界で拡大しているように、フランスで拡大しています。

フランスの男女とともに、フランス国民《ププル》の名において、わたしたちはこの反乱を重要な勝利へと、自由の勝利へともたらしましょう。

**彼らすべてとともに、わたしたちはすべての諸国民のために、あらゆる〈国民国家〉間の対話のために努力します。**

共に、世界平和のために、わたしたちはフランスにその偉大さを回復させます。

**共和国万歳！　フランス万歳！**

第4章

# 国民戦線（FN）公約144

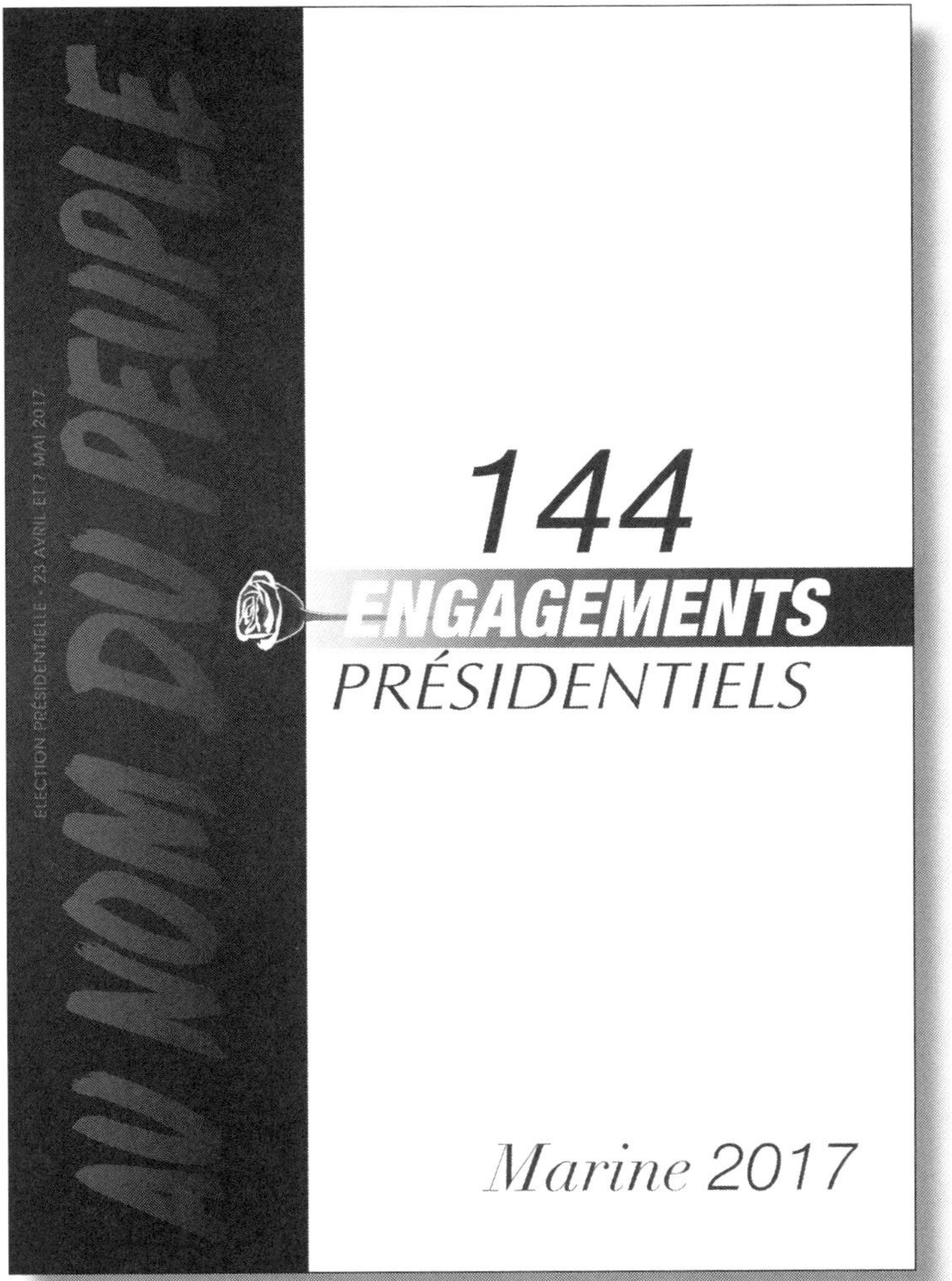

## 公約　巻頭言

# フランスの秩序を5年で取り戻す。それがわたしの約束です。

わたしの計画は、ここで詳述している１４４の主要な項目からなります。わたしの5年の任期中では、この計画に基づいて、国家元首の務めを果たさせていただきいと願ってきました。このプランなくして、健全な民主主義はありません。

計画の目的は、第一に、フランスに自由をもたらすことと、国民に発言権をもたらすことです。あなたの名において、そしてあなたの唯一の利益のために、全ての国家政策がなされなければならないのです。

わたしはまた、資産をフランスに取り戻したいと願っています。相当長い間、わたしたちの社会的・財政的政策は、中間層と大衆を貧しくしてきた一方、多国籍企業を豊かにし、公的なお金を、まったく制御できない移民を通じて、浪費してきたからです。

これからご覧いただくわたしの計画は、より身近な真の革命からなっています。

より民主主義が身近になるとは、次のことです。わたしは全ての決定が、可能な限り市民にとって身近なものであるよう望んでおり、市民によって直接コントロールされるべきものだと思っています。

経済的に身近になるとは、次のことです。国内を再開発し、あらゆるところに公的なサービスを提供すること、そしてわたしたちの事業を取り戻し、それによってわたしたちの雇用を取り戻すことです。

いかなるフランス人も、フランスの国境も、わたしが完全な計画をすでに示しているフランスの海外県も含めて、忘れられてはならないのです。

ご存知のように、この大統領選は二つの視座に直面しています。一方は「グローバリスト」の選択です。それはわたしの対立者が掲げるもので、我が国の優れた経済と社会のバランスを破壊せんとし、経済的・物理的な国境の完全撤廃を望むものです。いかなるときも移民をより多く受け入れようとし、フランス内の緊密な結びつきを弱めようとしています。

他方、愛国者の選択は、わたしが選挙で実現しようとするものですが、この選択は、国を守り、全ての政治的な決断の中心に国民を据えます。これは何よりもまず、フランスのアイデンティティと独立性、国民の団結、社会的な正義と、全ての国民の繁栄を望むものです。

二つの大きな視座からの選択が、あなたの生活そのものとなり、文明の選択となるでしょう。そして、この選択は子どもたちの未来にも関わるのです。

# 国民戦線（FN）公約集144

## ①　自由な一つの国へ

### ●フランスに主権を取り戻す

独立したヨーロッパの一つの国へ。国民のために。

**1　わたしたちの自由を取り戻し、わたしたちの運命の主人となる。そのために、フランス人に主権**（通貨、立法、領地、経済の主権）**を取り戻す。**そのためにも、ヨーロッパのパートナー諸国との交渉は、欧州連合に所属するかを問う国民投票の次に行う。これによって、ヨーロッパから、フランスの独立性と主権、そしてフランスは国民の利益のためにあることが尊重されるようにする。

### ●制度改革：国民と対話し、より身近な民主主義を確立する

**2　憲法の再検討を視野に国民投票を提起する。**また、憲法を将来的に検討するための機会を、国民投票に向けて設ける。憲法第11条の項目の適用範囲を拡大する。

**3　全ての選挙を比例代表制にし、フランス全土の代表を可能にする。**国会では、獲得議席数が一位となった党には、全議席の30％の追加議席を与え、5％以下の得票数の党には議席を与えない。

**4　代議士（国民議会議員）の数を、300にまで下げ（現在577）、上院議員の数を200にまで下げる（現在348）。**

**5　主権を持った国民による、真の国民投票を行う。それは50万人以上の有権者の署名に基づいて行う。**

**6　現在六つある行政単位を次の三つにする：市町村、県、国。**この改革は次のような枠組みによる。

・**簡潔化**（重複を取り除き、部門の権限を明確にする）

・**より身近な人物の登用**（市長のようなフランス人が知っている候補者をより重視する）

・**経済**（特に当選者の補助金と、運用の資金）：早急に地方税を下げる。

## ●自由の国フランスを取り戻す

**7　表現の自由を守り、無数の自由を守る。**そのためには、憲法で保障される基本的な自由に記載する。そのために、サイバーテロや子どもを標的とした犯罪との闘いをより強化する。それと並行して、被害者のために、加害者に対する訴訟手続きを簡素化して、名誉棄損や侮辱を訴えやすくする。

**8** フランス人の**個人情報の保護を含む、憲法に等しい憲章を作成する。**そのために、特にフランス国内にあるサーバーに対して、これらの情報が流出しないよう保管する義務を課す。

**9** **女性の権利を守る**：基本的自由を後退させるイスラム主義と闘い、女性・男性の同一賃金のための国家計画を策定し、〔女性が〕職業的・社会的に弱い立場に立たされることと闘う。

**10** 公の秩序に必要とされる範囲で、**結社の自由を尊重する。**そして、地域の活性化を通じて、文化、スポーツ、道徳、社会、教育、その他、いかなる小さな組織も支援する。代表の固定化を防ぐことによって、真の自由な労働組合を設置する。また、労働組合の資金を公に統制することによって、健全化する。

**11** **子どもたちの選択肢に応じた、教育の自由を保障する。**そのために、民間の教育機関においても、国の教育水準と同等となるよう、厳密に管理する。

## ② 確かなフランス

**●共和国としての秩序と、あらゆる場所あらゆる人にとっての法治状態を取り戻す**

**12　個人の自由を守るよう配慮しながらも治安を回復する。**

**13　治安を守る力を大幅に強化する。**人的には、警察と憲兵を1万5000人増員する。物的には、装備、警察署、兵舎の近代化、新たな脅威への武器対応を行う。しかしまた、士気の面でも、法制度の面でも（特に正当防衛の推定によって）強化する。

**14　警察と憲兵を、公の秩序を守る仕事に集中させる。**そのために、本来のものではない職務や事務作業から解放する。

**15　関連する郊外地域の武装解除、および無法状態となった地域を再度国の管理下に置くこと。**非行者や犯罪者であると内閣が識別した集団の主犯5000人を標的とする。再組織化を防止するため、刑罰に足りないものを補うものとして、隔離 éloignement の民事措置を行う。

**16　現場で活動する諜報活動組織を復活させる。**それによって、密売などの犯罪者に対抗する。

## ●確固として迅速な罰則

**17　不寛容を適用し、法的弛緩を終わらせる。**そのために、寛大な刑法（トビラ法など）を廃止し、最低刑罰年数を復活させ、自動的な減刑措置を廃止する。

18 **未成年者の非行に対処するため、親に責任を課す。**そのためには、親の教育上の不備があらわとなり、かつ繰り返し犯罪を行う未成年者の親に対しては、社会的給付の支払いを取りやめる。

19 重大犯罪を犯した人たちに対して、**刑期が短縮しない、本当の終身刑の法律を設立する。**

20 5年以内に、**刑務所が4万人を収容できるようにする。**

21 **外国人犯罪者や非行者を自動的に国外退去させていた法律を復活させる。**有罪となった外国人が母国で刑罰を受けるように、二国間の協定を確立する。

22 **内務省に刑務所の管理部を設置し、**情報犯罪 renseignement に対する刑罰を強化する。

23 既存の法曹ルート以外から登用し、**司法官のポストを増加する。法曹の甘やかされた風土を解消するために、国立司法学院を廃止し、**（職種学校と共に）法曹キャリア共通のシステムを作成する。

**●守るべき国境を定め、制御不能な移民政策を終わらせる**

24 **国境を再設置し、シェンゲン協定から離脱する**（越境労働者が国境を通過するのを容易にするための特別な措置は別に設けることとする）。5年計画で、6000人のスタッフを採用し、**税関に再び配置する。**

25 **不法滞在外国人の合法化や帰化を不可能にする。**強制退去を簡素化・自動化する。

26 **合法的な移民を、年間合計で1万人に削減する。**結婚によるフランス国籍の自動的な取得のような、家族の囲い込みや関連付けによる自動的な国籍取得制度に終止符を打つ。移民志願者を汲み上げるような制度を廃止する。

27 **出生地権 le droit du sol の削除**：フランス国籍の取得は、唯一、〔結婚などの〕血縁関係や、帰化によってのみ可能になるが、反面その条件はより厳しいものとなる。ヨーロッパ外の二重国籍を禁止する。

28 **庇護権 droit d'asile を定めた時の精神に立ち戻る。**これは、母国および近隣諸国の大使館やフランス領事館において申請書がなされた後にのみ、認められる。

## ●テロリズムの根絶と、イスラム原理主義のネットワークを殲滅する

29 **イスラム原理主義者に関係するあらゆる組織を禁止し、解散させる。**イスラム原理主義（特にSリストに載っているもの）に関連するすべての外国人を追放する。

30 内務省によって特定された**すべての過激派のモスクを閉鎖し、**礼拝所やその運営スタッフに対する国外

からの資金援助を禁止する。**礼拝所や礼拝行為に対する、公的資金（国、地方自治体など）からの援助はすべて禁止する。**

31 **ジハード主義者のシンジケートと戦う：ジハード主義者のシンジケートに関与する二重国籍者に対して、フランス国籍の剥奪、フランス領からの強制退去を行う。**通謀についての刑法411〜4の条項を適用し、フランスやフランス人に対して敵意や攻撃行為を引き起こす外国組織に属しているフランス国籍の人物全員の予防的拘留を行う。これら組織のリストを作成する。

32 イスラム教徒のテロリストに関係した犯罪や違反で有罪となっているものに対し、**祖国反逆罪** Indignité nationale **を復活させる。**

33 **内部および外部の諜報機関の人的・技術的な能力を強化する。**また、首相直属の、独自の反テロリスト戦闘機関を創設する。その機関は、脅威の分析と軍事作戦を実行する権限が与えられる。

## ③ 繁栄するフランス

## ●雇用を考慮した愛国の新しい形

34 投機的な金融資本に対して実体経済を優遇するために、業界と国という司令官の協力のもと、**再工業化計画を実行する。**

35 **賢明な保護貿易主義と我々の経済に適した国内通貨を復活させ、競争力にてこ入れすることによって、**不正な国際的競争に直面する**フランス企業を守る。**

36 **顧客の保護および、正当な競争の保護を確かなものとするため、フランスの生産者に課せられる規格を無視するような、輸入や外国製品の販売を禁止する。**これと並行して、フランスの製品と食料品について、産地と表示〔ラベリング〕の義務付け、明確化、法制化を行うことで、「フランスの手仕事」を守る。

37 経済的な真の愛国主義を植え付ける《インストール》。そのために、EUの拘束から自由になり、価格差が妥当なものであれば、フランス企業に向けた公的な発注を行う。中小企業に対して、公的な注文を確保しておく。

38 許容できない不正な競争を作り出す、〔EUが1996年に定めた、EU圏内における他国への〕「**労働者派遣 détachment des travailleurs**」**の指針は、フランス国内においては廃止する。**フランス人雇用の最優先を実質化するために、**外国籍被雇用者の採用に対する追加税を実施する。**

39 **重要で発展性のある産業部門を保護する。**そのためには、経済安全局une Authorité de Sûreté Economiqueによって、国内の利益を侵害している外国投資を統制する。〔国営の資産運用機関である〕預金供託金庫の監視の下で、ハゲタカファンドや悪意のある株式公開買付から企業を守り、有望な産業に出資するという二つのミッションを負った最高の基金を創設する。

40 **経済的変動に対応する事務局を、**財務省の管轄部門として**創設する。**それによって、新しいテクノロジー（ウーバー化 ubersation〔アプリなどを使った車などのシェア技術〕、ロボット化、シェア経済）の結果生じる、労働形態の進展を予測する。関連産業との協力のもと、公正な競争を保つために新しい規制を設ける。

41 **国内に技術革新の風土を定着させる。**そのために、10年間の公的補助金によって、企業が外国企業の言いなりになるのを防ぐ。寄付の税額控除を増やすことによって、**研究と技術革新に有望な産業を促進する。研究の公的予算を30％増やす**（ＧＤＰの１％にまで引き上げる）。

42 **海外県と、海洋に関する大規模な組織を作り、フランスの海運maritimeのレベルを引き上げる。**また、水ビジネスl'economie de l'or bleuに関して広大な投資計画を進展させる。

43 **公的支出の秩序を回復する。**そのために、間違った公的支出（とりわけ、移民とEUに関する支出）を終了し、社会的・税的不正と闘う。フランス銀行による国庫からの新規直接投資を認めることで、金融市場への依存から抜け出す。

## ●実体経済を優遇することで、企業を支援する

44 **中小企業の経営的・税的な複雑さを軽減する：**一元的な専用の窓口（社会、税、経営の窓口）を設け、中小企業に対する「TESE《テセ》」（労働管理を簡便化するシステム）の普及を進め、現在の形で対応できない、難しい計算の代用とする。それは、労働医学による個別の評価に基づいた、新しい仕組みの再構築を通じて行う。

45 **雇用を促進するために、**従業員50人という社会的閾値に関する経営上の義務の数を減らし、50〜300人の規模の会社の従業員に代表される（労働組合の代表を除く）制度を統合する。それは、一元化された組織が、同一の技術者を保護することによって行う。

46 **中小企業の社会保障の事業主負担分を明確かつ有意義な方法で減額させる。**そのために、社会保障の事業主負担分を減らすためのすべての仕組みを縮退的に統合する（雇用促進税額控除CICEを負担の緩和となるよう調整し、制度に組み込む）。これを継続的な雇用の条件とする。

47 **零細企業・中小企業の法人税を15％にまで引き下げる措置を継続する、中小企業には（33％の代わりに）24％となる中間税率を設ける。**事業譲渡の流動化をスムーズにする。そのために、〔大統領任期が終わる〕7年後には、中小企業の株と〔社内の〕持ち株の譲渡による資本増強に対する完全な免税が行われるようにする。

48 **国および地方自治体に対して、支払期日の遵守を課す。**そのために、実際に強制的かつ自動的に実行される罰則を適用する。

49 投資が実体経済を資するように、**小・零細企業が、**フランス銀行の監督下で設定される優遇金利により、**自由に融資を受けられるようにする。**

50 企業や世帯のために、**借り入れや当座借越（手形割引料 agios）にたいして、利息を最大で（暴利の場合）半分に下げる。**

51 **フランスを技術革新の国にする。**研究開発奨励減税を中小企業やスタートアップ企業に集中させ、生命保険の一部（2％）をベンチャーキャピタルやスタートアップ企業に向ける。企業グループを促して、革新的な部門について、グループ内企業の投資基金を用意させる。

## ●社会的保護を確かなものにする

52　**年金支給開始の法定年齢を60歳とし、年金を満額受けとるための支払い期間は40年とする。**

53　（エル・コムリEl Khomri法として知られている）**労働法を撤回する。**

54　〔公的扶助の基礎となる〕**家族係数quotient familialの上限を徐々に引き上げ、「寡婦・寡夫手当demi-part des veuves」を復活させる。**また、多数の家族がいる親のために、退職年金を増額する。

55　フランス国籍の家族専用の、**真の出産奨励政策を行う。**そのために、家族手当allocations familialesをより一般化し、生活費へ充当させる。両親の間での育児休暇の自由な割り振りを行えるようにする。

56　**世代間の連帯を強める。**そのために、あらゆる親に対して、5年ごとに（現在は15年ごと）、10万ユーロを、子どもに非課税で譲渡することができるようにする。また、同様に孫には、5年ごとの非課税での贈与額の上限を、5万ユーロに引き上げる。

57　**自営業者のために、社会的な盾《セーフティーネット》を作る。**そのためには、〔自営業者が加入する社会保険の一部門である〕**RSIを全面的に改定したうえで、**一般的な制度に加入するか、あるいは自営業者に特化した制度に加入するか、選択肢を提示する。ＲＳＩは、３ヶ月ごとの収入の自動申告に基づいて機能するようにする。

58 海外県も含めた**フランス全土の老齢年金（ＡＳＰＡ）の最低金額を引き上げる。**また、老齢年金をフランス国籍を有するもの、またはフランスに20年間居住したものに条件付け、非常に小額だった年金を一律に増加させる。

## ●購買力を高める

59 **購買力助成金（ＰＰＡ）を、低所得者や低年金者**（１ヶ月あたり１５００ユーロ以下のもの）**のための用途として、設立する。**それは社会保障分担金から３％をあてることで財源とする。

60 **ただちに、ガスおよび電気料金を５％下げる。**

61 **フランスの貯金と貯蓄の信用度を高める。**そのために、銀行同盟に関するＥＵ指針を廃し、銀行の破産という脅威の名目で、銀行預金と生命保険の徴収や凍結を予定しているサパンⅡ法の条項も廃止する。支払い方法の自由と多様性を維持する。

62 **消費者の購買力を萎縮させるような、企業間トラストや、詐欺まがいの策術を行う企業幹部に対して、制裁を重くする。**大規模小売店の売り場面積の総合的監査を待つ間は、大型量販店や通販倉庫の認可を凍結する。

**63 1週間の法的労働時間35時間を維持する。**専門的な分野で集中的に仕事をする場合や、完全な手当て（37時間であれば37時間分の支払、39時間であれば39時間分）を条件に、時間の延長について交渉を認める。

**64 時間外労働の〔賃金には〕課税せず、**また、残業代を増額させる。

## ④ 正しいフランス

### ●全員が健康になるよう、国民を守る

**65** すべての国民にたいする、社会保険を、そして、あらゆる疾病治療費の医療保険による払い戻しを、保障する。財源を永続させるために、システム管理を簡素化し、財源の浪費を撲滅し、持続的な節約を可能にする新しいデジタルツールに投資を行う。

**66 医学部の定員数を引き上げる。**それによって、外国人医師の登用を抑え、新任医師が、退任者と入れ替われるようにする。医療の専門家間の連携を強化する。そのために、それぞれの専門スキルを承認する。

67　**医療過疎と闘う。**そのために、**医師不足に悩む関連地域へのインターンシップ制度をつくり、**引退した医師たちがそうした地域で活動できるよう経費を控除し、そこに診療所を設ける。

68　**身近な病院をできる限り増やし、公立病院の機能の有効性を上げる。**

69　**社会保障の対象となる疾病** risque **に、５番目として依存症を設ける。**それによって、フランス人が、自立し、尊厳をもって生きられるようにする。

70　**国内の新興企業を支援する。**それによって医療で使われるシステムを最新にする。

71　**財源を実現するため、不法滞在者に割り当てられているＡＭＥ**〔国家医療援助〕**を廃止し、医療詐欺と闘い**（身分証と一体になった生体認証の保険証を作る）、**高価な薬の価格を下げる**（ジェネリック薬品の割合を増やす）、保険の効く薬の小分け販売数を増やす（生産調整を製薬会社に課す）。

72　**国と民間の二つの医療制度が相補的であるようにする。**医療関係者（薬局、医療研究所等）の専門領域を保護する。

73　**健康と食品の安全機関の役割と義務を、再組織し、明確にする。また、その独立性を確かなものにする。**

## ●より正しい税制度を取り戻す

**74 正しい課税を実施する。**そのために、**付加価値税**〔消費税〕**と、一般社会拠出金**〔の税率〕**の上昇を断固として拒否し、また、富裕税を維持する。**

**75 所得税率区分のうち、初めの方の**〔低い所得の〕**三つの区分について、税率を10％下げる。**

**76 税制の簡素化を実行する。**そのために、ごく少ない収益には課税しない。

**77 給料からの先取控除 prélèvement à la source を廃止する。**これによって、国民のプライバシーを保護し、企業が複雑で余計な管理をしなくて済むようにする。

**78 脱税に対して効果的に闘い、**わたしたちの社会規範を守る。そのために、タックスヘイブン解決に取り組み、大企業がフランス国内で行った活動や、税金逃れをした利益に対して、課税する。この目的で、税制での国際的な協力を行う。

**79 競争入札に、税金逃れをしている多国籍企業が参入することを禁止する。**また、そのような多国籍企業のあり方を合法的なものとして認めない。

80 **過度の権限を認められた湾岸諸国による、租税条約を糾弾する。**湾岸諸国は、オイルマネーによってフランス経済の操作を容易にし、国益に反している。

## ●誰もが居場所を見つけられるようにする

81 **手仕事の価値を復活させる。**そのために、優秀な専門家の教育コースを作る（単一的な中学校制度を漸進的に廃止し、14歳から手仕事の徒弟になれるようにする）。学校を中退する生徒に対して、2度めのチャンスとなるよう、フランス全土で、専門高校または技術訓練校を作る。

82 **「初期採用」制度を創設する。**それによって、21歳以下の若者を企業が最初に雇用する際の負担を全般的に取り除く。また、この期間は最大2年間となる。

83 **真の社会的公正さのために、**一般および専門の高等教育機関に、責任をもって各学生のインターンシップ先を見つけさせる。

84 現行では、海外県で行われている職業訓練による**兵役を、都市部でも行うようにする。**

85 〔一般的な採用試験以外の人材登用をねらった〕**第三者の登用試験を拡大・一般化し、**民間で8年以上経験を積んだ**45歳以上の人のみを対象とする。**

**86 公務員の給料を定める基準値を、改善し、向上させる。公務員の地位を守る。**平等性を配慮して、公務員でも民間でも、健康保険の日当の給付は、〔病気などでの〕欠勤2日目から支払われるように延長する。

**87 超国家的な趨勢に抗して、代理出産（GPA）の禁止を維持し、**不妊症の問題に対する医学的対応として、不妊治療補助（PMA）を続ける。〔同性などの法的婚姻を認めた〕民事連合協定（民事連帯契約PACSを改善したもの）を策定する。それは、トビラ法の規定に変わるものであり、遡及的な効果はない。

**88 成人の障がい者への手当て（AAH）を引き上げ、**障がい者のための部門別センター（MDPH）に権限を与え、自閉症と自閉症スペクトラム障がいに対応したケアプランを作る。公の力によって、より大きな支援が、障がい者、およびその家族に提供されなければならない。

**89 障がい者雇用を促進し、**障がい者と健常者に関連したあらゆる差別と闘い、5年以内に、長期小康状態の人々に対して、障がいを忘れられる権利を拡大する。視覚障がい者および聴覚障がい者のためのバリアフリーの基準を設ける。

**90 介護施設や育児施設に関する包括的な監査を開始し、**一部の施設で見られたような虐待を終わらせる。児童福祉政策を再構築し改善する。

## ⑤ 誇り高いフランス

### ●フランスの統一を守り、アイデンティティを守る

91 **国家のアイデンティティを守る。** フランス人の文化の価値観と伝統を守る。我々の愛国の歴史と文化を守り、促進するよう、憲法に記載する。

92 **公民の資格 citoyenneté を、フランス国民の特権として確立する。** そのために、自国民の優先性を憲法に記載する。

93 **永久に、あらゆる公共の建物にフランスの旗を掲げさせる。** ＥＵの旗は取り除く。

94 **退役軍人の年金支給額を上げる。** そのために、使える財源を再分配する。

95 **世俗主義を推進し、〔宗教的〕共同体と戦う。** 憲法に「フランスはいかなる共同体も認めない」と記載する。世俗主義をいたるところで復活させ、それを公共空間全体に広げ、労働法典に含めて記載する。

96 **フランス語を守る。**とりわけ、フィオラソ法の規定を廃止する。この法律は、大学でのフランス語教育を制限している。

97 **国民の統一を強化する。**そのために、愛国ロマン〔小説〕を推進し、国を分裂させる自虐史観を拒否する。

98 〔他民族がそのまま生活しうるような〕統合よりも厳しい原則である、〔宗教などのバックボーンを捨てさせる〕共和国的な同化を促進する。

99 **真の平等と能力主義を取り戻す。**そのために、「ポジティブアクション」の行動指針は拒否する。

100 **フランス領土の統一と完全性 intégrité を守る。そのために、本国と海外県の堅固なつながりを確かなものにする。**

## ●伝承する、伝承されるフランス

101 **フランスについての知識の伝達を確実にする。それは、基本的な学習**（フランス語、歴史、計算）**の強化を通じて行われる。**小学校では、フランス語の授業の時間の半分を書き方に使い、もう半分を話し方の授業に使う。「世界の諸言語と諸文化の起源の授業」（ＥＬＣＯ）は廃止する。

102 学校を「人間の争いが入ってこない不可侵の庇護の場所」(Jean Zay) にする。それによって、世俗主義だけでなく中立性と安全性も学校に課す。

103 教師の権限と尊敬を取り戻し、学校では制服の着用を導入する。

104 授業時間の改革を再検討する。

105 真の機会の平等を取り戻す。そのために、共和主義が本来もっていた能力主義の道を取り戻す。

106 大学を、足切りで選ぶのではなく、志望によって選べるようにする。(現在志望者が多い場合に行っている) 抽選を、選抜の手段としては止める。実績に対する奨学金の額を上げる。大学とグランゼコルの補完的関係によって形成されている、フランス特有の教育モデルを守る。

107 在学中の職業訓練 (見習契約、職業訓練契約) を、工芸分野や、公共・民間セクターにおいて大規模に発展させる。また、職業訓練をより効果的なものにし、不透明さを軽減し、コストを抑える。

●創造力のあるフランス、輝かしいフランスへ。

108 世界中にあるフランスの学校とリセのネットワークを強化する。

109　専用のデジタルプラットフォームを作成し、**クラウドファンディングを発展させる。**

110　**文化遺産プログラム法 loi de programmation du patrimoine を制定する。それによって、文化遺産の保守と保存をよりよくサポートできるようにする。**割り当てられる予算を25％増やす。

111　**外国や民間への、宮殿や国民的建造物の公的売却を中止する。**

112　**国内の技術職のコースの創設（リセ、大学）という大きな国家計画を立ち上げる。**フランス全域に、技術職養成所のネットワークを確立する。学校に幅広い視野に立った本当の音楽教育を復活させる。

113　**次の三つの団体を作ることで、視聴覚高等評議会（CSA）を改革する。**①国会議員から構成される団体、②専門家から構成される団体、③市民社会の代表（消費者団体、視聴者など）から構成される団体。

114　舞台業等限定された期間に働く人の保険制度 intermittent du spectacle を作り直す。そのために職業証明書を作り、悪用されやすい構造をより良く制御し、社会保障を維持する。

115　**HADOPI**〔インターネット上の著作物の頒布および諸権利の保護のための高等機関〕**を廃止し、グ**

ローバルライセンスに関する準備作業を開始する。

116 3年間更新の「高度なスポーツ契約」を作る。それによって、国際的な大会でフランス代表になったアマチュアスポーツ選手が国の代表選手に見合った生活を送り、自分の競技に専念できるようになる。

117 プロスポーツクラブにおいて、小規模のクラブをサポートし、プロスポーツ界におけるフランス人の人口が最大になるようにする。また、プロスポーツの拝金主義と闘う。アマチュアスポーツ界での暴力との闘いを強化し、あらゆるスポーツクラブで、能力主義と中立性を厳格に尊重させる。

## ⑥ 力強いフランス

### ●フランスを尊重させる

118 フランスが無関係 siennes な戦争に巻き込まれないように、NATOに統合された軍司令部を離れる。

119 すべての分野で自己防衛力を確かなものにする。

120 **あらゆる防衛の分野で、フランス産業の供給を再構築し、**それによって軍の必需品に対応し、戦略的独立性を担保する。

121 〔大統領〕**任期の最初の1年で、ただちに、防衛予算を国内総生産の2%にまで上げ、5年計画で、最終的には3%に到達できるようにする。**この最小で2%という数値は、憲法に記載する。これによって特に次のための資金がねん出できる。

・「リュシリュー」という名の第2の空母。これは、海軍航空部隊が海に常駐するのに不可欠である。

・人員の増加（約5万人いた2007年の水準に向けて、人員を再構成する）。

・核抑止力の永続。

・軍隊の規模を全体的に増加する（戦闘機、戦艦、戦車の増加）。また、装備を最新鋭にする。

・兵役の斬新的な復活（兵役期間は最低3か月を必須とする）。

## ●世界の大国の一つへとフランスを改革する

122 **諸国民の権利、**持続的な協議、そして独立の尊重にもとづいて**多極世界の平等のためにフランスを従事させる。**外交は、現実主義を原則とし、堅実と均衡の国 puissance というフランスの役割を取り戻す。

123 **フランス語を共有する人々の結びつきを強化する。**

124 **アフリカ諸国との真の共同開発政策を実施する。**それは、主に小学校の援助、農業システムの改善のための支援、防衛装備の強化と安全保障の支援に基づいて行われる。

## ⑦　持続可能なフランス

### ●フランスの健康的な食料を提供する農業の力

125 **フランスの農産物に経済的愛国心を適用する。**愛国政策、特に公（州や自治体）の発注によって、農民や漁民をただちに支援する。

126 〔EUの〕**共通農業政策をフランスの農業政策に変える。**これからはEUの基準ではなく、国によって定められた基準で補助金を保証する。これは家族経営の農家のフランスのやり方を守り、支援することを目的とする。

127 **自由貿易の条約**（TAFTA、CETA、オーストラリア、ニュージーランド等）**を拒否する。**関連産業を再組織することで、**生産から消費までの短い流通網を開発する。**

128 **膨大な手続きの洪水を止めることで、農家の日常を簡潔なものにする。**最初の一年は免税するという間接的な方法によって、**若い農家の定着を進める。**

129 **品質を守る：不公正な競争に対抗するため、食品の安全性、動物の健康、環境の面でフランスの生産基準に準拠していない農産物や食品の輸入を禁止する。**透明性と消費者向けの完全な情報を保証するために、産地と加工場所の総合的な産地情報をラベルに盛り込む。

130 **農産物の輸出を奨励する。**そのために、特に品質表示を保証する。

## ●環境とエネルギーの移行：フランスは卓越を求めなければならない

131 **環境を保護するため、貿易の野蛮なグローバル化に基づいた経済モデルと関係を断ち、**社会、衛生、環境のダンピングと縁をきる。本当のエコロジーとは、もっとも身近なところで作られ、現地で消えるものである。

132 **エネルギー供給の不安定性に取り組む。また、フランス経済に直接刺激を与えるため、住宅の断熱処理に、5か年計画で特別予算を割り当てる。**なぜなら、エネルギーを最も安くする方法は、エネルギーを消費しないことだからだ。

133 **フランスの再生可能エネルギー分野**（太陽光、バイオガス、木材）**を大規模に発展させる。**それは、賢い保護主義、経済的な愛国心、公的及び民間投資、また、フランス電力ＥＤＦの投資を通じて行われる。風力発電が保留されているが、これをすぐに解禁する。

134 **フランスの原子力産業を維持し、近代化し、安全にする**各地の原子炉の大規模修繕を開始するためにＥＤＦを引き続き国の管理下に置く。そのために、ＥＤＦには公共サービスとしての役割を再び与える〔現状ではフランスでも電力売買の自由化が実施されている〕。フェッセンアイム原子力発電所の閉鎖を斥ける。

135 **フランスの水素（クリーンエネルギー）部門を支援する。**そのために、国の支援を研究開発に向ける。これによって、石油への依存を減らす。

136 **環境、安全、健康の項目で、満足のいく条件が一致するまで、シェールガスの開発を禁止する。また、ＯＧＭ**〔遺伝子組み換え作物〕**を禁止することにより、予防原則を適用する。**

137 **動物保護を国家の優先事項にする。動物のより良い生を守る。**そのために、可能な限り、事前に気絶させることなく屠殺することを禁じ、可能な限り、動物実験を代替する。「１０００頭の牛」の工場型農場のモデルを拒否する。

**●国内の平等性を確かなものにし、誰もが住居を持てるように**

138 **国内全域、特に地方の公的なサービス**（行政、憲兵、水道、健康、交通機関、地域病院、保健センター）**に誰もがアクセスできるようにする。**ＥＵが望む鉄道の自由化は拒否する。郵便局とフランス国鉄は国営企業として残す。

139 **土地利用計画、交通機関、住宅機関を一つの省に統合する。**過疎化した農村部向けの**街づくり政策を整備する。**

140 **家の所有を容易にする。そのために、融資助成制度を強化し、自身の住む**〔家賃に制限のある〕**社会住宅の買い取り条件を改善し、**低家賃住宅団地の年間売却数を全体の１％になるよう目指す。譲渡税を10％下げる。

141 **家計に占める居住費を削減する。**そのために、新築、リフォームへの大規模な援助を計画し、最貧者には、住居税の引き下げ、またその引き上げの凍結を行い、〔家賃や住宅ローンの月賦を軽減する〕住宅手当ＡＰＬを永続させる（手当金額算定条件に資産を含めるのをやめる）。**「若者住宅保護制度」を作る。**大規模な学生寮の建設を立ち上げ、５年の任期の最初の１年で、27歳以下の若者に対し、ＡＰＬを25％にまで引き上げる。

142　**しわ寄せが無いようにしつつ、フランス国民に優先的に公営住宅を割り当てる。また、それをもっとも必要としている人々に割り当てる。**〔借り主が賃貸物件を〕平穏に使用できるよう配慮する義務を実効的に〔家主に〕適用し、これを履行しない場合は罰として、賃貸契約が失効する。

143　**都市計画と建築基準を合理化、簡素化する。**それによって、住宅市場の委縮を緩和する。環境と自然保護区（沿岸、山など）の保全を確かなものにする。

144　**インフラへの投資支援を、特に農村に向けて行う**（高速インターネット回線、電話網、道路など）。また、**高速道路会社を再度国営化する。**それによって、フランス人が投資したが、フランス人から奪われてしまった資産を、フランス人に返す。より一般的に、**公営企業が保有する主力部門の売却を拒否する。**

大統領選で使用されている自己紹介パンフレットの表紙

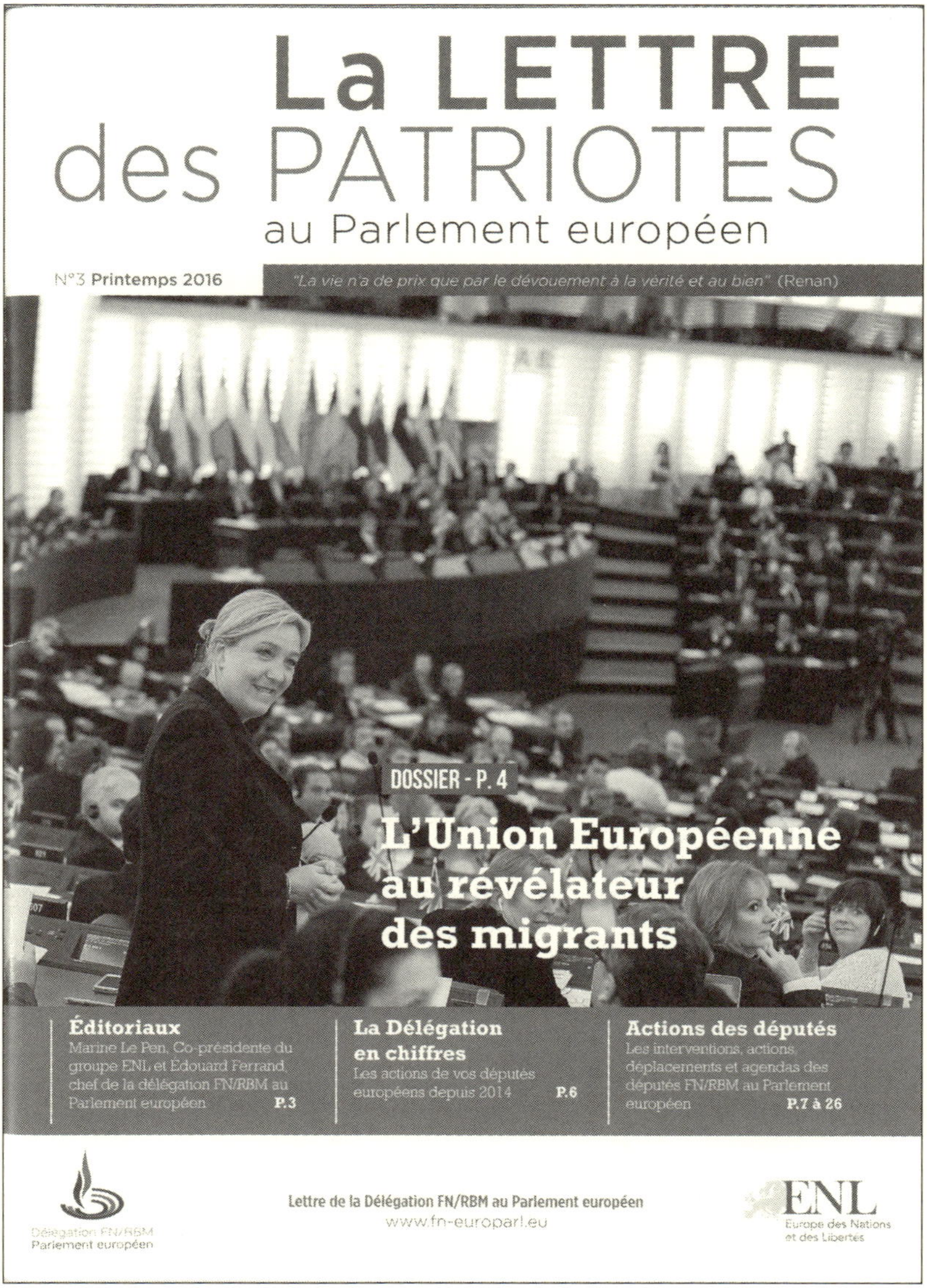


「愛国通信」という意味の国民戦線関連の刊行物。

「愛国通信」という意味の国民戦線関連の刊行物。

「愛国通信」という意味の国民戦線関連の刊行物。

VENT D'OUEST
SUR L'EUROPE

N°5

OCTOBRE 2016 > DÉCEMBRE 2016

Journal d'information de Gilles Lebreton, Député du groupe Europe des Nations et des Libertés au Parlement européen.

SOMMAIRE



L'UNION EUROPÉENNE N'EST PAS UNE PASSOIRE
C'EST ELLE QUI ORGANISE LA SUBMERSION MIGRATOIRE

> RETROUVEZ L'ACTUALITÉ ET LES INTERVENTIONS DE GILLES LEBRETON SUR :

gilleslebreton.fn • @Gilles_Lebreton • www.gilleslebreton.fr
www.frontnational.com

「西からの風」という意味の国民戦線関連の刊行物。

**VENT D'OUEST**

# LA MORT EST DANS LE PRÉ

**Du 13 au 16 septembre 2016 se tenait à Rennes le SPACE, le grand salon de l'élevage.**

A quelques kilomètres des belles allées, des salons VIP et des cocktails servis sur de beaux stands où défilent les politiciens de l'UMPS responsables de la crise agricole, les paysans de l'ouest poursuivent leur agonie. Lait, porc, viande bovine… toutes les filières de l'élevage sont touchées. Partout les revenus s'effondrent, partout on met la clef sous la porte, partout les petits sont écrasés par les industriels favorisés par Bruxelles ! L'agriculture familiale française est en train de disparaître.

Ce n'est pas un problème de conjoncture, c'est le résultat d'une politique voulue, programmée et imposée par les technocrates de l'**UE**.

Un exemple flagrant : le 1er avril 2015 l'Europe de Bruxelles mettait fin aux quotas laitiers qui permettaient de réguler la production de lait et donc de maintenir les prix. Partout dans l'Ouest, à l'image du Député européiste **UDI Thierry Benoit** (« *la fin des quotas offre des perspectives aux éleveurs* »), les responsables politiques ne cachèrent pas leur satisfaction. Plus d'un an après, le constat est sans appel : la mort est dans le pré ! Le cours du lait est aujourd'hui de 277 € les mille litres, il était de 388 € en 2014 ! Rappelons qu'il faut 350 € pour atteindre le point d'équilibre.

Dans l'Ouest, des milliers d'exploitations sont au bord de l'asphyxie. Plus nos éleveurs travaillent, plus ils perdent de l'argent… Quelle profession accepterait cela ?

Pour les sauver, il faut rétablir une régulation du marché, mettre fin à la concurrence déloyale et instituer le patriotisme alimentaire. Trois mesures refusées, et même interdites par Bruxelles.

Il faut donc en tirer les leçons.

La survie de notre agriculture familiale passe par un changement de modèle économique. Il faut remplacer la désastreuse **PAC** actuelle par une **PAF** (Politique Agricole Française) qui permettra à nos éleveurs de vivre de leur travail.

Mais il faut d'abord commencer par tourner le dos aux politiciens français de l'UMPS qui nous ont menti et trahi.

***Gilles Pennelle***


**VENT D'OUEST**

VENT D'OUEST SUR L'EUROPE N° 5 - 4e TRIMESTRE 2016
Budget 400 de Gilles Lebreton
Député ENL du Parlement européen
Rue Wiertz – ASP 01H246 – 1047 Bruxelles
Les propos de cette lettre n'engagent que leurs auteurs. Le Parlement Européen ne peut être tenu pour responsable des informations fournies.
**Directeur de la publication** : Gilles Pennelle
**Maquette - Photogravure** : Riwal
**Imprimerie** : Riwal
**Dépôt Légal** : 4e trimestre 2016
**N° de commission paritaire** : en cours de renouvellement.
**Crédits photos** : ©Riwal, ©istock.


# VISITE ET RENCONTRE AU PARLEMENT EUROPÉEN

Accompagnés par **Gilles Pennelle**, très régulièrement, de nombreux habitants des treize départements de la circonscription Ouest se rendent en visite au parlement de **Strasbourg**. Au programme : visite du parlement, découverte de son fonctionnement et rencontre avec **Gilles Lebreton** et des parlementaires du groupe « *Europe des Nations et des Libertés* ». Pour terminer la journée, le groupe assiste à une séance publique du parlement. Sur notre photo, une délégation du département de **Charente-Maritime** dans la cour du Parlement à **Strasbourg**.



「西からの風」にルペン氏の活動が触れられている。

# VENT D'OUEST
## SUR L'EUROPE

N°4

JANVIER 2016 > MARS 2016

Journal d'information de Gilles Lebreton, député du groupe Europe des Nations et des Libertés au Parlement européen.

SOMMAIRE



**L'EUROPE DE BRUXELLES FAIT MOURIR L'ÉLEVAGE DANS L'OUEST**

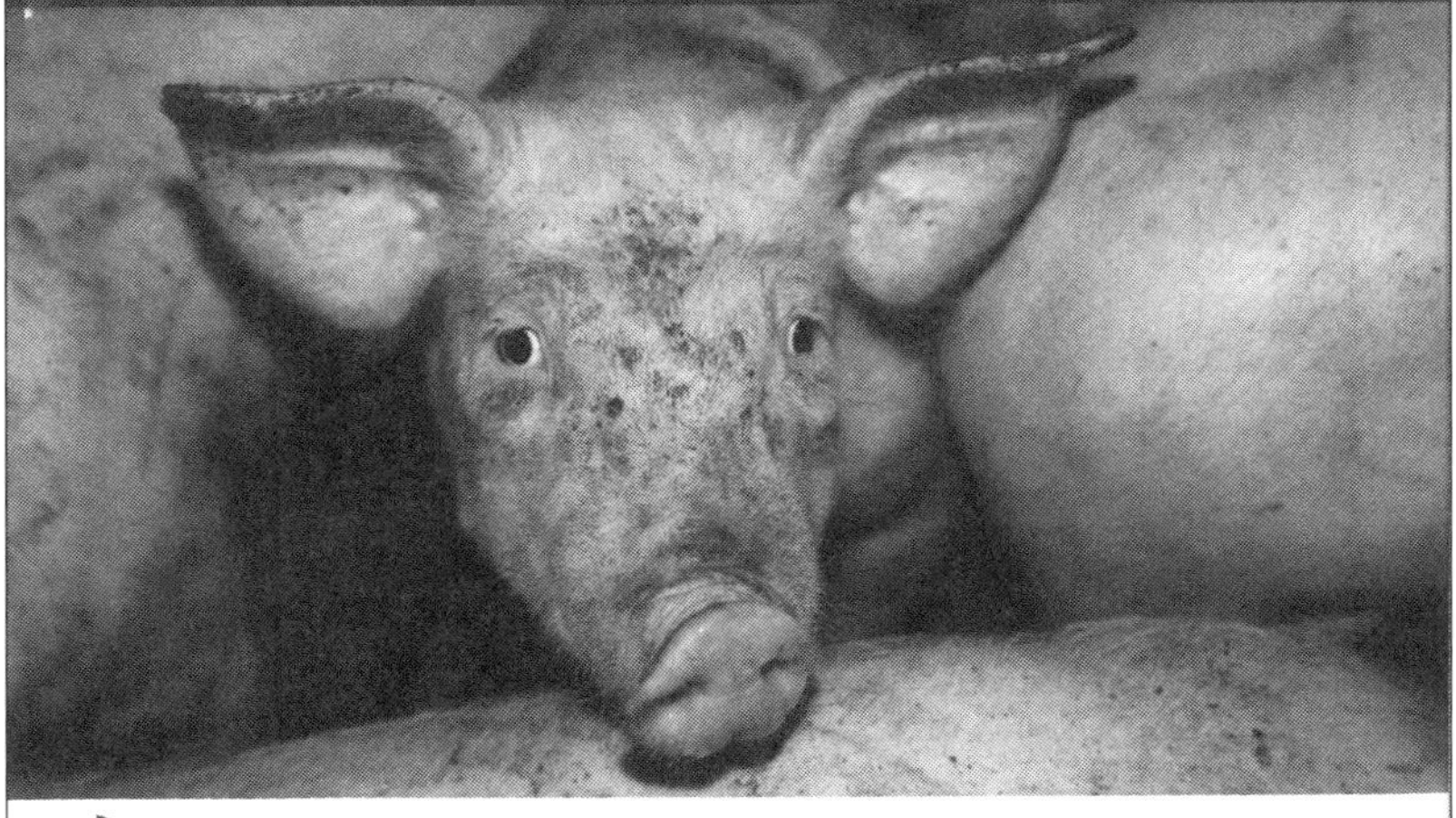

RETROUVEZ L'ACTUALITÉ ET LES INTERVENTIONS DE GILLES LEBRETON SUR :

@ www.gilleslebreton.fr
www.facebook.com/gilleslebreton.fn
@Gilles_Lebreton

www.frontnational.com

「西からの風」という意味の国民戦線関連の刊行物。

リヨンの講演で配布されたパンフレット

## AVEC MARINE, POUR LA FRANCE
### LE FORMULAIRE DE CONTACT

Pôle
MOBILISATION MILITANTE

*J'agis pour la campagne !*

Nom : ........................................

Prénom : ........................................

Adresse : ........................................

Ville : ........................ Département : ........................

Téléphone : ........................................

Courriel : ........................................

Êtes-vous adhérent(e) ? : ........................................

**Je souhaite :**

- ☐ M'impliquer dans la campagne et distribuer des tracts
- ☐ Participer à des opérations de collage
- ☐ Entrer en contact avec un représentant de Marine Le Pen près de chez moi
- ☐ Rejoindre le comité de soutien
- ☐ Soutenir financièrement la candidate à l'élection présidentielle
- ☐ Autre : ........................................

**FORMULAIRE À RENVOYER À :**
AFEMLP 2017 - 262 rue du Faubourg Saint-Honoré - 75008 Paris
Tél : 01.41.20.20.17

***« Cette élection n'est pas comme les autres. Le peuple français est appelé aux urnes pour un véritable choix de civilisation. Pour l'emporter en mai prochain et enclencher le grand redressement national, j'ai besoin de l'engagement de chacun et de chacune d'entre vous dans cette campagne ! »***

***Marine LE PEN, candidate à l'élection présidentielle***

marine2017.fr

ÉLECTIONS PRÉSIDENTIELLES - 23 AVRIL ET 7 MAI 2017

**MARINE**
*Présidente*

リヨン講演のパンフレットに挟まれていた、国民戦線への参加をうながす書類

**マリーヌ・ルペン**（Marine Le Pen）

1968 年生まれ。パリ第 2 大学法学部卒業後、弁護士となり、フランスの政治家、欧州議会議員、イル＝ド＝フランス地域圏議会議員を務める。国民戦線創始者で初代党首のジャン＝マリー・ルペンの第 3 女で、2011 年より同党党首。

**木村三浩**（きむら・みつひろ）

1956 年東京生まれ。慶應義塾大学法学部卒業。統一戦線義勇軍議長、一水会書記長を経て、2000 年より一水会代表。月刊『レコンキスタ』発行人。一般社団法人世界愛国者交流協会代表理事。愛国者インターナショナル世界大会（準）実行委員。

**一水会事務局**

〒 161-0033 東京都新宿区下落合 1-2-5 第 23 鈴木総合ビル 2F
TEL：03-3364-2015　FAX：03-3365-7130
Mail：info@issuikai.jp

**自由なフランスを取りもどす——愛国主義か、グローバリズムか**

2017 年 4 月 25 日　初版第 1 刷発行

著者 ——— マリーヌ・ルペン
編者 ——— 木村三浩
発行者 ——— 平田　勝
発行 ——— 花伝社
発売 ——— 共栄書房
〒 101-0065　東京都千代田区西神田 2-5-11 出版輸送ビル 2F
電話　03-3263-3813
FAX　03-3239-8272
E-mail　kadensha@muf.biglobe.ne.jp
URL　http://kadensha.net
振替 ——— 00140-6-59661
装幀 ——— 黒瀬章夫（ナカグログラフ）
印刷・製本 ——— 中央精版印刷株式会社



写真：カバーソデ　マリーヌ・ルペン（出典：ウィキメディア・コモンズ）、木村三浩（提供：一水会）、発刊にあたって（提供：一水会）、それ以外（提供：国民戦線）



ISBN978-4-7634-0812-9　C0036